TRANZLATY

Language is for everyone

Språk er for alle

The Call of the Wild

Nar villdyret vakner

Jack London

English / Norsk

Into the Primitive
Inn i det primitive

Buck did not read the newspapers.
Buck leste ikke avisene.
Had he read the newspapers he would have known trouble was brewing.
Hadde han lest avisene, ville han visst at det var trøbbel i vente.
There was trouble not alone for himself, but for every tidewater dog.
Det var trøbbel ikke bare for ham selv, men for alle tidevannshunder.
Every dog strong of muscle and with warm, long hair was going to be in trouble.
Enhver hund med sterke muskler og varm, lang pels kom til å få trøbbel.
From Puget Bay to San Diego no dog could escape what was coming.
Fra Puget Bay til San Diego kunne ingen hund unnslippe det som ventet.
Men, groping in the Arctic darkness, had found a yellow metal.
Menn, som famlet i det arktiske mørket, hadde funnet et gult metall.
Steamship and transportation companies were chasing the discovery.
Dampskip- og transportselskaper jaget oppdagelsen.
Thousands of men were rushing into the Northland.
Tusenvis av menn stormet inn i Nordlandet.
These men wanted dogs, and the dogs they wanted were heavy dogs.
Disse mennene ville ha hunder, og hundene de ville ha var tunge hunder.
Dogs with strong muscles by which to toil.
Hunder med sterke muskler å slite med.
Dogs with furry coats to protect them from the frost.

Hunder med lodden pels for å beskytte dem mot frosten.

Buck lived at a big house in the sun-kissed Santa Clara Valley.
Buck bodde i et stort hus i den solkysste Santa Clara Valley.
Judge Miller's place, his house was called.
Dommer Millers sted, ble huset hans kalt.
His house stood back from the road, half hidden among the trees.
Huset hans lå litt tilbaketrukket fra veien, halvt skjult blant trærne.
One could get glimpses of the wide veranda running around the house.
Man kunne få glimt av den brede verandaen som strakte seg rundt huset.
The house was approached by graveled driveways.
Huset ble nådd via gruslagte innkjørsler.
The paths wound about through wide-spreading lawns.
Stiene slynget seg gjennom vidstrakte plener.
Overhead were the interlacing boughs of tall poplars.
Over dem var de flettede grenene til høye popler.
At the rear of the house things were on even more spacious.
På baksiden av huset var det enda mer romslig.
There were great stables, where a dozen grooms were chatting
Det var flotte staller, hvor et dusin brudgommer pratet
There were rows of vine-clad servants' cottages
Det var rekker med vinrankede tjenestehytter
And there was an endless and orderly array of outhouses
Og det var en endeløs og ordnet rekke med uthus
Long grape arbors, green pastures, orchards, and berry patches.
Lange druelysthus, grønne beitemarker, frukthager og bæråkrer.
Then there was the pumping plant for the artesian well.
Så var det pumpeanlegget for den artesiske brønnen.
And there was the big cement tank filled with water.

Og der var den store sementtanken fylt med vann.
Here Judge Miller's boys took their morning plunge.
Her tok dommer Millers gutter sitt morgendukkert.
And they cooled down there in the hot afternoon too.
Og de kjølte seg ned der på den varme ettermiddagen også.
And over this great domain, Buck was the one who ruled all of it.
Og over dette store domenet var det Buck som hersket over det hele.
Buck was born on this land and lived here all his four years.
Buck ble født på dette landet og bodde her alle sine fire år.
There were indeed other dogs, but they did not truly matter.
Det fantes riktignok andre hunder, men de spilte egentlig ingen rolle.
Other dogs were expected in a place as vast as this one.
Andre hunder var ventet på et sted så stort som dette.
These dogs came and went, or lived inside the busy kennels.
Disse hundene kom og gikk, eller bodde inne i de travle kennelene.
Some dogs lived hidden in the house, like Toots and Ysabel did.
Noen hunder bodde gjemt i huset, slik som Toots og Ysabel gjorde.
Toots was a Japanese pug, Ysabel a Mexican hairless dog.
Toots var en japansk mops, Ysabel en meksikansk hårløs hund.
These strange creatures rarely stepped outside the house.
Disse merkelige skapningene gikk sjelden utenfor huset.
They did not touch the ground, nor sniff the open air outside.
De berørte ikke bakken, og de luktet heller ikke på den åpne luften utenfor.
There were also the fox terriers, at least twenty in number.
Det var også foxterrierene, minst tjue i antall.
These terriers barked fiercely at Toots and Ysabel indoors.
Disse terrierene bjeffet heftig mot Toots og Ysabel innendørs.
Toots and Ysabel stayed behind windows, safe from harm.

Toots og Ysabel holdt seg bak vinduene, trygge for skader.

They were guarded by housemaids with brooms and mops.

De ble voktet av hushjelper med koster og mopper.

But Buck was no house-dog, and he was no kennel-dog either.

Men Buck var ingen hushund, og han var heller ingen kennelhund.

The entire property belonged to Buck as his rightful realm.

Hele eiendommen tilhørte Buck som hans rettmessige rike.

Buck swam in the tank or went hunting with the Judge's sons.

Buck svømte i tanken eller dro på jakt med dommerens sønner.

He walked with Mollie and Alice in the early or late hours.

Han gikk med Mollie og Alice i de tidlige eller sene timer.

On cold nights he lay before the library fire with the Judge.

På kalde netter lå han foran peisen i biblioteket sammen med dommeren.

Buck gave rides to the Judge's grandsons on his strong back.

Buck kjørte dommerens barnebarn på sin sterke rygg.

He rolled in the grass with the boys, guarding them closely.

Han rullet seg i gresset sammen med guttene og voktet nøye over dem.

They ventured to the fountain and even past the berry fields.

De våget seg til fontenen og til og med forbi bæråkrene.

Among the fox terriers, Buck walked with royal pride always.

Blant foxterrierene vandret Buck alltid med kongelig stolthet.

He ignored Toots and Ysabel, treating them like they were air.

Han ignorerte Toots og Ysabel og behandlet dem som om de var luft.

Buck ruled over all living creatures on Judge Miller's land.

Buck hersket over alle levende skapninger på dommer Millers land.

He ruled over animals, insects, birds, and even humans.

Han hersket over dyr, insekter, fugler og til og med mennesker.

Buck's father Elmo had been a huge and loyal St. Bernard.

Bucks far Elmo hadde vært en stor og lojal sanktbernhardshund.

Elmo never left the Judge's side, and served him faithfully.

Elmo vek aldri fra dommerens side og tjente ham trofast.

Buck seemed ready to follow his father's noble example.

Buck virket klar til å følge farens edle eksempel.

Buck was not quite as large, weighing one hundred and forty pounds.

Buck var ikke fullt så stor, og veide hundre og førti pund.

His mother, Shep, had been a fine Scotch shepherd dog.

Moren hans, Shep, hadde vært en fin skotsk gjeterhund.

But even at that weight, Buck walked with regal presence.

Men selv med den vekten gikk Buck med kongelig tilstedeværelse.

This came from good food and the respect he always received.

Dette kom fra god mat og den respekten han alltid fikk.

For four years, Buck had lived like a spoiled nobleman.

I fire år hadde Buck levd som en bortskjemt adelsmann.

He was proud of himself, and even slightly egotistical.

Han var stolt av seg selv, og til og med litt egoistisk.

That kind of pride was common in remote country lords.

Den slags stolthet var vanlig blant avsidesliggende landsherrer.

But Buck saved himself from becoming pampered house-dog.

Men Buck reddet seg fra å bli en bortskjemt hushund.

He stayed lean and strong through hunting and exercise.

Han holdt seg slank og sterk gjennom jakt og mosjon.

He loved water deeply, like people who bathe in cold lakes.

Han elsket vann dypt, som folk som bader i kalde innsjøer.

This love for water kept Buck strong, and very healthy.

Denne kjærligheten til vann holdt Buck sterk og veldig sunn.

This was the dog Buck had become in the fall of 1897.

Dette var hunden Buck hadde blitt høsten 1897.
When the Klondike strike pulled men to the frozen North.
Da Klondike-angrepet trakk menn til det frosne nord.
People rushed from all over the world into the cold land.
Folk strømmet fra hele verden inn i det kalde landet.
Buck, however, did not read the papers, nor understand news.
Buck leste imidlertid ikke avisene, og forsto heller ikke nyheter.
He did not know Manuel was a bad man to be around.
Han visste ikke at Manuel var en dårlig mann å være sammen med.
Manuel, who helped in the garden, had a deep problem.
Manuel, som hjalp til i hagen, hadde et alvorlig problem.
Manuel was addicted to gambling in the Chinese lottery.
Manuel var avhengig av pengespill i det kinesiske lotteriet.
He also believed strongly in a fixed system for winning.
Han trodde også sterkt på et fast system for å vinne.
That belief made his failure certain and unavoidable.
Den troen gjorde hans fiasko sikker og uunngåelig.
Playing a system demands money, which Manuel lacked.
Å spille et system krever penger, noe Manuel manglet.
His pay barely supported his wife and many children.
Lønnen hans forsørget knapt kona og de mange barna hans.
On the night Manuel betrayed Buck, things were normal.
Den natten Manuel forrådte Buck, var ting normalt.
The Judge was at a Raisin Growers' Association meeting.
Dommeren var på et møte i rosindyrkerforeningen.
The Judge's sons were busy forming an athletic club then.
Dommerens sønner var travelt opptatt med å danne en idrettsklubb den gang.
No one saw Manuel and Buck leaving through the orchard.
Ingen så Manuel og Buck gå gjennom frukthagen.
Buck thought this walk was just a simple nighttime stroll.
Buck trodde denne turen bare var en enkel nattlig spasertur.
They met only one man at the flag station, in College Park.
De møtte bare én mann på flaggstasjonen i College Park.

That man spoke to Manuel, and they exchanged money.

Mannen snakket med Manuel, og de vekslet penger.

"Wrap up the goods before you deliver them," he suggested.

«Pakk inn varene før du leverer dem», foreslo han.

The man's voice was rough and impatient as he spoke.

Mannens stemme var ru og utålmodig mens han snakket.

Manuel carefully tied a thick rope around Buck's neck.

Manuel bandt forsiktig et tykt tau rundt Bucks hals.

"Twist the rope, and you'll choke him plenty"

«Vri tauet, så kveler du ham kraftig»

The stranger gave a grunt, showing he understood well.

Den fremmede gryntet, noe som viste at han forsto godt.

Buck accepted the rope with calm and quiet dignity that day.

Buck tok imot tauet med rolig og stille verdighet den dagen.

It was an unusual act, but Buck trusted the men he knew.

Det var en uvanlig handling, men Buck stolte på mennene han kjente.

He believed their wisdom went far beyond his own thinking.

Han mente at visdommen deres gikk langt utover hans egen tenkning.

But then the rope was handed to the hands of the stranger.

Men så ble tauet gitt til den fremmedes hender.

Buck gave a low growl that warned with quiet menace.

Buck knurret lavt som advarte med en stille trussel.

He was proud and commanding, and meant to show his displeasure.

Han var stolt og kommanderende, og hadde til hensikt å vise sin misnøye.

Buck believed his warning would be understood as an order.

Buck trodde advarselen hans ville bli oppfattet som en ordre.

To his shock, the rope tightened fast around his thick neck.

Til hans sjokk strammet tauet seg hardt rundt den tykke halsen hans.

His air was cut off and he began to fight in a sudden rage.

Luften hans ble kuttet ut, og han begynte å slåss i et plutselig raseri.

He sprang at the man, who quickly met Buck in mid-air.
Han sprang mot mannen, som raskt møtte Buck i luften.
The man grabbed Buck's throat and skillfully twisted him in the air.
Mannen grep tak i Bucks hals og vred ham dyktig opp i luften.
Buck was thrown down hard, landing flat on his back.
Buck ble kastet hardt ned og landet flatt på ryggen.
The rope now choked him cruelly while he kicked wildly.
Tauet kvalte ham nå grusomt mens han sparket vilt.
His tongue fell out, his chest heaved, but gained no breath.
Tungen hans falt ut, brystet hevet seg, men han fikk ikke puste.
He had never been treated with such violence in his life.
Han hadde aldri blitt behandlet med slik vold i sitt liv.
He had also never been filled with such deep fury before.
Han hadde heller aldri vært fylt med et så dypt raseri før.
But Buck's power faded, and his eyes turned glassy.
Men Bucks kraft sviktet, og øynene hans ble glassaktige.
He passed out just as a train was flagged down nearby.
Han besvimte akkurat idet et tog stoppet i nærheten.
Then the two men tossed him into the baggage car quickly.
Så kastet de to mennene ham raskt inn i bagasjevognen.
The next thing Buck felt was pain in his swollen tongue.
Det neste Buck kjente var en smerte i den hovne tungen.
He was moving in a shaking cart, only dimly conscious.
Han beveget seg i en skjelvende vogn, bare svakt bevisst.
The sharp scream of a train whistle told Buck his location.
Det skarpe skriket fra en togfløyte fortalte Buck hvor han var.
He had often ridden with the Judge and knew the feeling.
Han hadde ofte ridd med dommeren og kjente følelsen.
It was the unique jolt of traveling in a baggage car again.
Det var det unike sjokket å reise i bagasjevogn igjen.
Buck opened his eyes, and his gaze burned with rage.
Buck åpnet øynene, og blikket hans brant av raseri.
This was the anger of a proud king taken from his throne.
Dette var vreden til en stolt konge som ble tatt fra tronen.
A man reached to grab him, but Buck struck first instead.

En mann rakte ut for å gripe ham, men Buck slo til først i stedet.

He sank his teeth into the man's hand and held tightly.

Han bet tennene i mannens hånd og holdt den hardt.

He did not let go until he blacked out a second time.

Han slapp ikke taket før han besvimte for andre gang.

"Yep, has fits," the man muttered to the baggageman.

«Ja, får anfall», mumlet mannen til bagasjemannen.

The baggageman had heard the struggle and come near.

Bagasjemannen hadde hørt kampen og kom nærmere.

"I'm taking him to 'Frisco for the boss," the man explained.

«Jeg tar ham med til 'Frisco for sjefen», forklarte mannen.

"There's a fine dog-doctor there who says he can cure them."

«Det er en dyktig hundedoktor der som sier han kan kurere dem.»

Later that night the man gave his own full account.

Senere den kvelden ga mannen sin egen fullstendige beretning.

He spoke from a shed behind a saloon on the docks.

Han snakket fra et skur bak en saloon på kaia.

"All I was given was fifty dollars," he complained to the saloon man.

«Alt jeg fikk var femti dollar», klaget han til saloonmannen.

"I wouldn't do it again, not even for a thousand in cold cash."

«Jeg ville ikke gjort det igjen, ikke engang for tusen i kontanter.»

His right hand was tightly wrapped in a bloody cloth.

Høyrehånden hans var tett pakket inn i et blodig klede.

His trouser leg was torn wide open from knee to foot.

Buksebeinet hans var vidt revet opp fra kne til tå.

"How much did the other mug get paid?" asked the saloon man.

«Hvor mye fikk den andre kruset betalt?» spurte saloonmannen.

"A hundred," the man replied, "he wouldn't take a cent less."

«Hundre,» svarte mannen, «han ville ikke tatt en krone mindre.»

"That comes to a hundred and fifty," the saloon man said.

«Det blir hundre og femti», sa saloonmannen.

"And he's worth it all, or I'm no better than a blockhead."

«Og han er verdt alt, ellers er jeg ikke bedre enn en dust.»

The man opened the wrappings to examine his hand.

Mannen åpnet innpakningen for å undersøke hånden sin.

The hand was badly torn and crusted in dried blood.

Hånden var stygt revet og dekket av tørket blod.

"If I don't get the hydrophobia…" he began to say.

«Hvis jeg ikke får hydrofobien …» begynte han å si.

"It'll be because you were born to hang," came a laugh.

«Det er fordi du er født til å henge», kom det en latter.

"Come help me out before you get going," he was asked.

«Kom og hjelp meg før du drar», ble han spurt.

Buck was in a daze from the pain in his tongue and throat.

Buck var i en døs av smertene i tungen og halsen.

He was half-strangled, and could barely stand upright.

Han var halvkvalt, og kunne knapt stå oppreist.

Still, Buck tried to face the men who had hurt him so.

Likevel prøvde Buck å møte mennene som hadde såret ham så mye.

But they threw him down and choked him once again.

Men de kastet ham ned og kvalte ham igjen.

Only then could they saw off his heavy brass collar.

Først da kunne de sage av den tunge messingkragen hans.

They removed the rope and shoved him into a crate.

De fjernet tauet og dyttet ham inn i en kasse.

The crate was small and shaped like a rough iron cage.

Kassen var liten og formet som et grovt jernbur.

Buck lay there all night, filled with wrath and wounded pride.

Buck lå der hele natten, fylt av vrede og såret stolthet.

He could not begin to understand what was happening to him.

Han klarte ikke å begynne å forstå hva som skjedde med ham.

Why were these strange men keeping him in this small crate?

Hvorfor holdt disse merkelige mennene ham i denne lille kassen?

What did they want with him, and why this cruel captivity?

Hva ville de med ham, og hvorfor dette grusomme fangenskapet?

He felt a dark pressure; a sense of disaster drawing closer.

Han følte et mørkt press; en følelse av at katastrofen kom nærmere.

It was a vague fear, but it settled heavily on his spirit.

Det var en vag frykt, men den tynget ham dypt.

Several times he jumped up when the shed door rattled.

Flere ganger hoppet han opp da skurdøren raslet.

He expected the Judge or the boys to appear and rescue him.

Han forventet at dommeren eller guttene skulle dukke opp og redde ham.

But only the saloon-keeper's fat face peeked inside each time.

Men bare saloonholderens fete ansikt tittet inn hver gang.

The man's face was lit by the dim glow of a tallow candle.

Mannens ansikt var opplyst av det svake lyset fra et talglys.

Each time, Buck's joyful bark changed to a low, angry growl.

Hver gang forandret Bucks gledesfylte bjeff seg til en lav, sint knurr.

The saloon-keeper left him alone for the night in the crate

Saloon-eieren lot ham være alene i buret for natten

But when he awoke in the morning more men were coming.

Men da han våknet om morgenen, kom det flere menn.

Four men came and gingerly picked up the crate without a word.

Fire menn kom og plukket forsiktig opp kassen uten et ord.

Buck knew at once the situation he found himself in.

Buck forsto med en gang hvilken situasjon han befant seg i.

They were further tormentors that he had to fight and fear.

De var ytterligere plageånder som han måtte kjempe mot og
frykte.
These men looked wicked, ragged, and very badly groomed.
Disse mennene så onde, fillete og svært dårlig stelt ut.
Buck snarled and lunged at them fiercely through the bars.
Buck glefset og kastet seg voldsomt mot dem gjennom
sprinklene.
**They just laughed and jabbed at him with long wooden
sticks.**
De bare lo og stakk til ham med lange trepinner.
Buck bit at the sticks, then realized that was what they liked.
Buck bet i pinnene, men innså at det var det de likte.
So he lay down quietly, sullen and burning with quiet rage.
Så la han seg stille ned, mutt og brennende av stille raseri.
They lifted the crate into a wagon and drove away with him.
De løftet kassen opp i en vogn og kjørte av gårde med ham.
The crate, with Buck locked inside, changed hands often.
Kassen, med Buck låst inni, skiftet hender ofte.
Express office clerks took charge and handled him briefly.
Ekspresskontormedarbeidere tok ansvar og håndterte ham
kort.
Then another wagon carried Buck across the noisy town.
Så bar en annen vogn Buck gjennom den støyende byen.
A truck took him with boxes and parcels onto a ferry boat.
En lastebil tok ham med esker og pakker om bord på en ferge.
After crossing, the truck unloaded him at a rail depot.   .
Etter å ha krysset, losset lastebilen ham av på en
jernbanestasjon.
At last, Buck was placed inside a waiting express car.
Til slutt ble Buck plassert i en ventende ekspressvogn.
For two days and nights, trains pulled the express car away.
I to dager og netter trakk tog ekspressvognen bort.
**Buck neither ate nor drank during the whole painful
journey.**
Buck verken spiste eller drakk under hele den smertefulle
reisen.

When the express messengers tried to approach him, he growled.

Da ekspressbudene prøvde å nærme seg ham, knurret han.

They responded by mocking him and teasing him cruelly.

De svarte med å håne ham og erte ham grusomt.

Buck threw himself at the bars, foaming and shaking

Buck kastet seg mot barene, skummet og skalv

they laughed loudly, and taunted him like schoolyard bullies.

De lo høyt og hånet ham som skolegårdsbønnerne.

They barked like fake dogs and flapped their arms.

De bjeffet som falske hunder og flakset med armene.

They even crowed like roosters just to upset him more.

De gol til og med som haner bare for å gjøre ham enda mer opprørt.

It was foolish behavior, and Buck knew it was ridiculous.

Det var tåpelig oppførsel, og Buck visste at det var latterlig.

But that only deepened his sense of outrage and shame.

Men det forsterket bare følelsen av forargelse og skam hans.

He was not bothered much by hunger during the trip.

Han var ikke særlig plaget av sult under turen.

But thirst brought sharp pain and unbearable suffering.

Men tørsten medførte skarp smerte og uutholdelig lidelse.

His dry, inflamed throat and tongue burned with heat.

Den tørre, betente halsen og tungen hans brant av varme.

This pain fed the fever rising within his proud body.

Denne smerten næret feberen som steg i den stolte kroppen hans.

Buck was thankful for one single thing during this trial.

Buck var takknemlig for én ting under denne rettssaken.

The rope had been removed from around his thick neck.

Tauet var blitt fjernet fra den tykke halsen hans.

The rope had given those men an unfair and cruel advantage.

Tauet hadde gitt disse mennene en urettferdig og grusom fordel.

Now the rope was gone, and Buck swore it would never return.
Nå var tauet borte, og Buck sverget på at det aldri ville komme tilbake.
He resolved no rope would ever go around his neck again.
Han bestemte seg for at ingen tau noen gang skulle gå rundt halsen hans igjen.
For two long days and nights, he suffered without food.
I to lange dager og netter led han uten mat.
And in those hours, he built up an enormous rage inside.
Og i disse timene bygde han opp et enormt raseri inni seg.
His eyes turned bloodshot and wild from constant anger.
Øynene hans ble blodsprengte og ville av konstant sinne.
He was no longer Buck, but a demon with snapping jaws.
Han var ikke lenger Buck, men en demon med knakende kjever.
Even the Judge would not have known this mad creature.
Selv dommeren ville ikke ha kjent denne gale skapningen.
The express messengers sighed in relief when they reached Seattle
Ekspressbudene sukket lettet da de nådde Seattle
Four men lifted the crate and brought it to a back yard.
Fire menn løftet kassen og bar den til en bakgård.
The yard was small, surrounded by high and solid walls.
Gårdsplassen var liten, omgitt av høye og solide murer.
A big man stepped out in a sagging red sweater shirt.
En stor mann steg ut i en hengende rød genserskjorte.
He signed the delivery book with a thick and bold hand.
Han signerte leveringsboken med tykk og dristig håndskrift.
Buck sensed at once that this man was his next tormentor.
Buck ante med en gang at denne mannen var hans neste plageånd.
He lunged violently at the bars, eyes red with fury.
Han kastet seg voldsomt mot stengene, med røde øyne av raseri.
The man just smiled darkly and went to fetch a hatchet.
Mannen smilte bare dystert og gikk for å hente en øks.

He also brought a club in his thick and strong right hand.
Han hadde også med seg en kølle i sin tykke og sterke høyre hånd.
"You going to take him out now?" the driver asked, concerned.
«Skal du kjøre ham ut nå?» spurte sjåføren bekymret.
"Sure," said the man, jamming the hatchet into the crate as a lever.
«Jada,» sa mannen og presset øksen inn i kassen som en spak.
The four men scattered instantly, jumping up onto the yard wall.
De fire mennene spredte seg øyeblikkelig og hoppet opp på gårdsmuren.
From their safe spots above, they waited to watch the spectacle.
Fra sine trygge plasser ovenfra ventet de på å se på skuet.
Buck lunged at the splintered wood, biting and shaking fiercely.
Buck kastet seg mot det splintrede treverket, bet og skalv voldsomt.
Each time the hatchet hit the cage), Buck was there to attack it.
Hver gang øksen traff buret), var Buck der for å angripe den.
He growled and snapped with wild rage, eager to be set free.
Han knurret og glefset av vilt raseri, ivrig etter å bli satt fri.
The man outside was calm and steady, intent on his task.
Mannen utenfor var rolig og stødig, opptatt av oppgaven sin.
"Right then, you red-eyed devil," he said when the hole was large.
«Akkurat da, din rødøyde djevel», sa han da hullet var stort.
He dropped the hatchet and took the club in his right hand.
Han slapp stridsøksen og tok køllen i høyre hånd.
Buck truly looked like a devil; eyes bloodshot and blazing.
Buck så virkelig ut som en djevel; øynene var blodsprengte og flammende.
His coat bristled, foam frothed at his mouth, eyes glinting.

Pelsen hans strittet, skum skummet rundt munnen, og øynene glitret.

He bunched his muscles and sprang straight at the red sweater.

Han spente musklene og hoppet rett på den røde genseren.

One hundred and forty pounds of fury flew at the calm man.

Hundre og førti kilo raseri fløy mot den rolige mannen.

Just before his jaws clamped shut, a terrible blow struck him.

Rett før kjevene hans klemte seg igjen, traff et forferdelig slag ham.

His teeth snapped together on nothing but air

Tennene hans knakk sammen på ingenting annet enn luft

a jolt of pain reverberated through his body

et smertestøt gjallet gjennom kroppen hans

He flipped midair and crashed down on his back and side.

Han snudde seg midt i luften og falt ned på ryggen og siden.

He had never before felt a club's blow and could not grasp it.

Han hadde aldri før følt et slag fra en kølle og kunne ikke gripe det.

With a shrieking snarl, part bark, part scream, he leaped again.

Med et skrikende knurr, delvis bjeffing, delvis skrik, hoppet han igjen.

Another brutal strike hit him and hurled him to the ground.

Nok et brutalt slag traff ham og kastet ham i bakken.

This time Buck understood—it was the man's heavy club.

Denne gangen forsto Buck – det var mannens tunge kølle.

But rage blinded him, and he had no thought of retreat.

Men raseriet blindet ham, og han tenkte ikke på å trekke seg tilbake.

Twelve times he launched himself, and twelve times he fell.

Tolv ganger kastet han seg, og tolv ganger falt han.

The wooden club smashed him each time with ruthless, crushing force.

Trekøllen knuste ham hver gang med hensynsløs, knusende kraft.

After one fierce blow, he staggered to his feet, dazed and slow.

Etter et voldsomt slag vaklet han opp på beina, forvirret og langsom.

Blood ran from his mouth, his nose, and even his ears.

Blod rant fra munnen, nesen og til og med ørene hans.

His once-beautiful coat was smeared with bloody foam.

Den en gang så vakre kåpen hans var tilsmusset av blodig skum.

Then the man stepped up and struck a wicked blow to the nose.

Så steg mannen frem og slo ham hardt mot nesen.

The agony was sharper than anything Buck had ever felt.

Smerten var skarpere enn noe Buck noen gang hadde følt.

With a roar more beast than dog, he leaped again to attack.

Med et brøl, mer et dyr enn en hund, sprang han igjen for å angripe.

But the man caught his lower jaw and twisted it backward.

Men mannen grep tak i underkjeven hans og vred den bakover.

Buck flipped head over heels, crashing down hard again.

Buck snudde seg pladask og braste hardt ned igjen.

One final time, Buck charged at him, now barely able to stand.

En siste gang stormet Buck mot ham, nå knapt i stand til å stå på egne ben.

The man struck with expert timing, delivering the final blow.

Mannen slo til med ekspert timing og ga det siste slaget.

Buck collapsed in a heap, unconscious and unmoving.

Buck kollapset i en haug, bevisstløs og ubevegelig.

"He's no slouch at dog-breaking, that's what I say," a man yelled.

«Han er ikke svak til å knekke hund, det er det jeg sier», ropte en mann.

"Druther can break the will of a hound any day of the week."

«Druther kan knekke en hunds vilje hvilken som helst dag i uken.»

"And twice on a Sunday!" added the driver.

«Og to ganger på en søndag!» la sjåføren til.

He climbed into the wagon and cracked the reins to leave.

Han klatret opp i vognen og brøt i tømmene for å dra.

Buck slowly regained control of his consciousness

Buck gjenvant sakte kontroll over bevisstheten sin

but his body was still too weak and broken to move.

men kroppen hans var fortsatt for svak og brukket til å bevege seg.

He lay where he had fallen, watching the red-sweatered man.

Han lå der han hadde falt og så på mannen i den rødgenseren.

"He answers to the name of Buck," the man said, reading aloud.

«Han svarer på navnet Buck», sa mannen mens han leste høyt.

He quoted from the note sent with Buck's crate and details.

Han siterte fra brevet som ble sendt med Bucks kasse og detaljer.

"Well, Buck, my boy," the man continued with a friendly tone,

«Vel, Buck, gutten min», fortsatte mannen med en vennlig tone,

"we've had our little fight, and now it's over between us."

«Vi har hatt vår lille krangel, og nå er det over mellom oss.»

"You've learned your place, and I've learned mine," he added.

«Du har lært din plass, og jeg har lært min», la han til.

"Be good, and all will go well, and life will be pleasant."

«Vær snill, så går alt bra, og livet blir behagelig.»

"But be bad, and I'll beat the stuffing out of you, understand?"

«Men vær slem, så banker jeg deg i hjel, forstått?»

As he spoke, he reached out and patted Buck's sore head.

Mens han snakket, rakte han ut hånden og klappet Buck på det såre hodet.

Buck's hair rose at the man's touch, but he didn't resist.

Bucks hår reiste seg ved mannens berøring, men han gjorde ikke motstand.

The man brought him water, which Buck drank in great gulps.

Mannen kom med vann til ham, som Buck drakk i store slurker.

Then came raw meat, which Buck devoured chunk by chunk.

Så kom rått kjøtt, som Buck slukte bit for bit.

He knew he was beaten, but he also knew he wasn't broken.

Han visste at han var slått, men han visste også at han ikke var brukket.

He had no chance against a man armed with a club.

Han hadde ingen sjanse mot en mann bevæpnet med en kølle.

He had learned the truth, and he never forgot that lesson.

Han hadde lært sannheten, og han glemte aldri den lærdommen.

That weapon was the beginning of law in Buck's new world.

Det våpenet var begynnelsen på loven i Bucks nye verden.

It was the start of a harsh, primitive order he could not deny.

Det var starten på en hard, primitiv orden han ikke kunne fornekte.

He accepted the truth; his wild instincts were now awake.

Han aksepterte sannheten; hans ville instinkter var nå våkne.

The world had grown harsher, but Buck faced it bravely.

Verden hadde blitt hardere, men Buck møtte det tappert.

He met life with new caution, cunning, and quiet strength.

Han møtte livet med ny forsiktighet, list og stille styrke.

More dogs arrived, tied in ropes or crates like Buck had been.

Flere hunder ankom, bundet i tau eller bur slik som Buck hadde vært.

Some dogs came calmly, others raged and fought like wild beasts.

Noen hunder kom rolig, andre raste og sloss som ville dyr.
All of them were brought under the rule of the red-sweatered man.
Alle ble brakt under den rødgenserkledde mannens styre.
Each time, Buck watched and saw the same lesson unfold.
Hver gang så Buck på og så den samme lærdommen utfolde seg.
The man with the club was law; a master to be obeyed.
Mannen med køllen var loven; en mester som skulle adlydes.
He did not need to be liked, but he had to be obeyed.
Han trengte ikke å bli likt, men han måtte bli adlydt.
Buck never fawned or wagged like the weaker dogs did.
Buck aldri krypet eller logret slik som de svakere hundene gjorde.
He saw dogs that were beaten and still licked the man's hand.
Han så hunder som var slått og som fortsatt slikket mannens hånd.
He saw one dog who would not obey or submit at all.
Han så én hund som verken ville adlyde eller bøye seg i det hele tatt.
That dog fought until he was killed in the battle for control.
Den hunden kjempet til den ble drept i kampen om kontroll.
Strangers would sometimes come to see the red-sweatered man.
Fremmede kom noen ganger for å se mannen i rødgenseren.
They spoke in strange tones, pleading, bargaining, and laughing.
De snakket i en merkelig tone, tryglet, prutet og lo.
When money was exchanged, they left with one or more dogs.
Da penger ble vekslet, dro de av gårde med én eller flere hunder.
Buck wondered where these dogs went, for none ever returned.
Buck lurte på hvor disse hundene ble av, for ingen kom noen gang tilbake.

fear of the unknown filled Buck every time a strange man came

frykten for det ukjente fylte Buck hver gang en fremmed mann kom

he was glad each time another dog was taken, rather than himself.

Han var glad hver gang en annen hund ble tatt, i stedet for ham selv.

But finally, Buck's turn came with the arrival of a strange man.

Men endelig kom Bucks tur med ankomsten av en fremmed mann.

He was small, wiry, and spoke in broken English and curses.

Han var liten, senete og snakket gebrokken engelsk og bannet.

"Sacredam!" he yelled when he laid eyes on Buck's frame.

«Sacredam!» ropte han da han la øynene på Bucks kropp.

"That's one damn bully dog! Eh? How much?" he asked aloud.

«Det er en forbanna bøllehund! Eh? Hvor mye?» spurte han høyt.

"Three hundred, and he's a present at that price,"

«Tre hundre, og han er en gave til den prisen»

"Since it's government money, you shouldn't complain, Perrault."

«Siden det er penger fra staten, burde du ikke klage, Perrault.»

Perrault grinned at the deal he had just made with the man.

Perrault smilte bredt av å høre avtalen han nettopp hadde inngått med mannen.

The price of dogs had soared due to the sudden demand.

Prisen på hunder hadde steget kraftig på grunn av den plutselige etterspørselen.

Three hundred dollars wasn't unfair for such a fine beast.

Tre hundre dollar var ikke urettferdig for et så fint dyr.

The Canadian Government would not lose anything in the deal

Den kanadiske regjeringen ville ikke tape noe på avtalen

Nor would their official dispatches be delayed in transit.

Heller ikke ville deres offisielle forsendelser bli forsinket underveis.

Perrault knew dogs well, and could see Buck was something rare.

Perrault kjente hunder godt, og kunne se at Buck var noe sjeldent.

"One in ten ten-thousand," he thought, as he studied Buck's build.

«Én av ti titusen,» tenkte han, mens han studerte Bucks kroppsbygning.

Buck saw the money change hands, but showed no surprise.

Buck så pengene skifte hender, men viste ingen overraskelse.

Soon he and Curly, a gentle Newfoundland, were led away.

Snart ble han og Krøllete, en snill newfoundlander, ført bort.

They followed the little man from the red sweater's yard.

De fulgte den lille mannen fra den røde genserens hage.

That was the last Buck ever saw of the man with the wooden club.

Det var det siste Buck noensinne så til mannen med trekjøllen.

From the Narwhal's deck he watched Seattle fade into the distance.

Fra Narhvalens dekk så han Seattle forsvinne i det fjerne.

It was also the last time he ever saw the warm Southland.

Det var også siste gang han noensinne så det varme Sørlandet.

Perrault took them below deck, and left them with François.

Perrault tok dem med under dekk og etterlot dem hos François.

François was a black-faced giant with rough, calloused hands.

François var en svartansiktet kjempe med grove, hardhudede hender.

He was dark and swarthy; a half-breed French-Canadian.

Han var mørk og lubne; en halvblods fransk-kanadisk mann.

To Buck, these men were of a kind he had never seen before.

For Buck var disse mennene av et slag han aldri hadde sett før.

He would come to know many such men in the days ahead.

Han ville bli kjent med mange slike menn i dagene som kom.

He did not grow fond of them, but he came to respect them.
Han ble ikke glad i dem, men han lærte å respektere dem.
They were fair and wise, and not easily fooled by any dog.
De var rettferdige og kloke, og lot seg ikke lure av noen hund.
They judged dogs calmly, and punished only when deserved.
De dømte hunder rolig, og straffet bare når de var fortjent.
In the Narwhal's lower deck, Buck and Curly met two dogs.
På Narhvalens nedre dekk møtte Buck og Krøllete to hunder.
One was a large white dog from far-off, icy Spitzbergen.
Den ene var en stor hvit hund fra det fjerne, iskalde Spitsbergen.
He'd once sailed with a whaler and joined a survey group.
Han hadde en gang seilt med en hvalfangstmann og blitt med i en kartleggingsgruppe.
He was friendly in a sly, underhanded and crafty fashion.
Han var vennlig på en slu, underhånds og utspekulert måte.
At their first meal, he stole a piece of meat from Buck's pan.
Ved deres første måltid stjal han et stykke kjøtt fra Bucks panne.
Buck jumped to punish him, but François's whip struck first.
Buck hoppet for å straffe ham, men François' pisk traff først.
The white thief yelped, and Buck reclaimed the stolen bone.
Den hvite tyven hylte, og Buck tok tilbake det stjålne beinet.
That fairness impressed Buck, and François earned his respect.
Den rettferdigheten imponerte Buck, og François fortjente hans respekt.
The other dog gave no greeting, and wanted none in return.
Den andre hunden hilste ikke, og ville ikke ha noe tilbake.
He didn't steal food, nor sniff at the new arrivals with interest.
Han stjal ikke mat, og snufset heller ikke interessert på de nyankomne.
This dog was grim and quiet, gloomy and slow-moving.
Denne hunden var dyster og stille, dyster og treg i bevegelse.

He warned Curly to stay away by simply glaring at her.
Han advarte Krøllete om å holde seg unna ved å bare stirre på henne.
His message was clear; leave me alone or there'll be trouble.
Beskjeden hans var klar: la meg være i fred, ellers blir det trøbbel.
He was called Dave, and he barely noticed his surroundings.
Han ble kalt Dave, og han la knapt merke til omgivelsene sine.
He slept often, ate quietly, and yawned now and again.
Han sov ofte, spiste stille og gjespet nå og da.

The ship hummed constantly with the beating propeller below.
Skipet summet konstant med den bankende propellen nedenfor.
Days passed with little change, but the weather got colder.
Dagene gikk med få forandringer, men været ble kaldere.
Buck could feel it in his bones, and noticed the others did too.
Buck kunne føle det i knoklene sine, og la merke til at de andre gjorde det også.
Then one morning, the propeller stopped and all was still.
Så en morgen stoppet propellen, og alt ble stående stille.
An energy swept through the ship; something had changed.
En energi feide gjennom skipet; noe hadde forandret seg.
François came down, clipped them on leashes, and brought them up.
François kom ned, festet dem i bånd og førte dem opp.
Buck stepped out and found the ground soft, white, and cold.
Buck gikk ut og fant bakken myk, hvit og kald.
He jumped back in alarm and snorted in total confusion.
Han hoppet tilbake i alarm og fnøs i full forvirring.
Strange white stuff was falling from the gray sky.
Merkelige hvite ting falt fra den grå himmelen.
He shook himself, but the white flakes kept landing on him.

Han ristet på seg, men de hvite flakene fortsatte å lande på ham.

He sniffed the white stuff carefully and licked at a few icy bits.

Han snuste forsiktig på den hvite substansen og slikket på noen iskalde biter.

The powder burned like fire, then vanished right off his tongue.

Pulveret brant som ild, før det forsvant rett fra tungen hans.

Buck tried again, puzzled by the odd vanishing coldness.

Buck prøvde igjen, forvirret av den merkelige, forsvinnende kulden.

The men around him laughed, and Buck felt embarrassed.

Mennene rundt ham lo, og Buck følte seg flau.

He didn't know why, but he was ashamed of his reaction.

Han visste ikke hvorfor, men han skammet seg over reaksjonen sin.

It was his first experience with snow, and it confused him.

Det var hans første erfaring med snø, og det forvirret ham.

The Law of Club and Fang
Loven om kølle og fang

Buck's first day on the Dyea beach felt like a terrible nightmare.
Bucks første dag på Dyea-stranden føltes som et forferdelig mareritt.
Each hour brought new shocks and unexpected changes for Buck.
Hver time brakte nye sjokk og uventede forandringer for Buck.
He had been pulled from civilization and thrown into wild chaos.
Han hadde blitt trukket ut av sivilisasjonen og kastet ut i et vilt kaos.
This was no sunny, lazy life with boredom and rest.
Dette var ikke noe solrikt, lat liv med kjedsomhet og hvile.
There was no peace, no rest, and no moment without danger.
Det var ingen fred, ingen hvile og intet øyeblikk uten fare.
Confusion ruled everything, and danger was always close.
Forvirring hersket over alt, og faren var alltid nær.
Buck had to stay alert because these men and dogs were different.
Buck måtte være årvåken fordi disse mennene og hundene var forskjellige.
They were not from towns; they were wild and without mercy.
De var ikke fra byer; de var ville og uten nåde.
These men and dogs only knew the law of club and fang.
Disse mennene og hundene kjente bare loven om kølle og hoggtennen.
Buck had never seen dogs fight like these savage huskies.
Buck hadde aldri sett hunder slåss slik som disse ville huskyene.
His first experience taught him a lesson he would never forget.

Hans første erfaring lærte ham en lekse han aldri ville glemme.

He was lucky it was not him, or he would have died too.

Han var heldig at det ikke var ham, ellers ville han også ha dødd.

Curly was the one who suffered while Buck watched and learned.

Det var Krøllete som led mens Buck så på og lærte.

They had made camp near a store built from logs.

De hadde slått leir i nærheten av et lager bygget av tømmerstokker.

Curly tried to be friendly to a large, wolf-like husky.

Krøllete prøvde å være vennlig mot en stor, ulvelignende husky.

The husky was smaller than Curly, but looked wild and mean.

Huskyen var mindre enn Krøllete, men så vill og slem ut.

Without warning, he jumped and slashed her face open.

Uten forvarsel hoppet han og skar opp ansiktet hennes.

His teeth cut from her eye down to her jaw in one move.

Tennene hans skar fra øyet hennes og ned til kjeven hennes i ett trekk.

This was how wolves fought—hit fast and jump away.

Slik kjempet ulver – slo raskt og hoppet unna.

But there was more to learn than from that one attack.

Men det var mer å lære enn av det ene angrepet.

Dozens of huskies rushed in and made a silent circle.

Dusinvis av huskyer stormet inn og dannet en stille sirkel.

They watched closely and licked their lips with hunger.

De så nøye på og slikket seg om leppene av sult.

Buck didn't understand their silence or their eager eyes.

Buck forsto ikke tausheten deres eller de ivrige blikkene deres.

Curly rushed to attack the husky a second time.

Krøllete skyndte seg for å angripe huskyen for andre gang.

He used his chest to knock her over with a strong move.

Han brukte brystet til å velte henne med et kraftig bevegelse.

She fell on her side and could not get back up.

Hun falt på siden og klarte ikke å reise seg igjen.

That was what the others had been waiting for all along.

Det var det de andre hadde ventet på hele tiden.

The huskies jumped on her, yelping and snarling in a frenzy.

Huskiene hoppet på henne, hylte og knurret i et vanvidd.

She screamed as they buried her under a pile of dogs.

Hun skrek mens de begravde henne under en haug med hunder.

The attack was so fast that Buck froze in place with shock.

Angrepet var så raskt at Buck frøs til av sjokk.

He saw Spitz stick out his tongue in a way that looked like a laugh.

Han så Spitz strekke ut tungen på en måte som lignet en latter.

François grabbed an axe and ran straight into the group of dogs.

François grep en øks og løp rett inn i hundeflokken.

Three other men used clubs to help beat the huskies away.

Tre andre menn brukte køller for å hjelpe med å jage bort huskyene.

In just two minutes, the fight was over and the dogs were gone.

På bare to minutter var kampen over og hundene var borte.

Curly lay dead in the red, trampled snow, her body torn apart.

Krøllete lå død i den røde, nedtrampede snøen, kroppen hennes revet i stykker.

A dark-skinned man stood over her, cursing the brutal scene.

En mørkhudet mann sto over henne og forbannet den brutale scenen.

The memory stayed with Buck and haunted his dreams at night.

Minnet ble værende hos Buck og hjemsøkte drømmene hans om natten.

That was the way here; no fairness, no second chance.

Det var måten det var her; ingen rettferdighet, ingen ny sjanse.

Once a dog fell, the others would kill without mercy.
Når en hund falt, ville de andre drepe uten nåde.
Buck decided then that he would never allow himself to fall.
Buck bestemte seg da for at han aldri skulle tillate seg selv å falle.
Spitz stuck out his tongue again and laughed at the blood.
Spitz stakk ut tungen igjen og lo av blodet.
From that moment on, Buck hated Spitz with all his heart.
Fra det øyeblikket av hatet Buck Spitz av hele sitt hjerte.

Before Buck could recover from Curly's death, something new happened.
Før Buck rakk å komme seg etter Krølletes død, skjedde det noe nytt.
François came over and strapped something around Buck's body.
François kom bort og bandt noe rundt Bucks kropp.
It was a harness like the ones used on horses at the ranch.
Det var en sele som de som brukes på hester på ranchen.
As Buck had seen horses work, now he was made to work too.
Akkurat som Buck hadde sett hester arbeide, måtte han nå også arbeide.
He had to pull François on a sled into the forest nearby.
Han måtte trekke François på en slede inn i skogen i nærheten.
Then he had to pull back a load of heavy firewood.
Så måtte han dra tilbake et lass med tung ved.
Buck was proud, so it hurt him to be treated like a work animal.
Buck var stolt, så det såret ham å bli behandlet som et arbeidsdyr.
But he was wise and didn't try to fight the new situation.
Men han var klok og prøvde ikke å kjempe mot den nye situasjonen.
He accepted his new life and gave his best in every task.
Han aksepterte sitt nye liv og ga sitt beste i enhver oppgave.

Everything about the work was strange and unfamiliar to him.
Alt ved arbeidet var merkelig og uvant for ham.
François was strict and demanded obedience without delay.
François var streng og krevde lydighet uten forsinkelse.
His whip made sure that every command was followed at once.
Pisken hans sørget for at hver kommando ble fulgt med en gang.
Dave was the wheeler, the dog nearest the sled behind Buck.
Dave var sledens sjåfør, hunden nærmest sleden bak Buck.
Dave bit Buck on the back legs if he made a mistake.
Dave bet Buck i bakbeina hvis han gjorde en feil.
Spitz was the lead dog, skilled and experienced in the role.
Spitz var lederhunden, dyktig og erfaren i rollen.
Spitz could not reach Buck easily, but still corrected him.
Spitz klarte ikke å nå Buck lett, men korrigerte ham likevel.
He growled harshly or pulled the sled in ways that taught Buck.
Han knurret hardt eller trakk sleden på måter som lærte Buck.
Under this training, Buck learned faster than any of them expected.
Under denne opplæringen lærte Buck raskere enn noen av dem forventet.
He worked hard and learned from both François and the other dogs.
Han jobbet hardt og lærte av både François og de andre hundene.
By the time they returned, Buck already knew the key commands.
Da de kom tilbake, kunne Buck allerede nøkkelkommandoene.
He learned to stop at the sound of "ho" from François.
Han lærte å stoppe ved lyden av «ho» fra François.
He learned when he had to pull the sled and run.
Han lærte når han måtte trekke sleden og løpe.
He learned to turn wide at bends in the trail without trouble.

Han lærte å svinge bredt i svinger på stien uten problemer.

He also learned to avoid Dave when the sled went downhill fast.

Han lærte også å unngå Dave når sleden gikk fort nedoverbakke.

"They're very good dogs," François proudly told Perrault.

«De er veldig flinke hunder», sa François stolt til Perrault.

"That Buck pulls like hell—I teach him quick as anything."

«Den Bucken drar som bare det – jeg lærer ham opp så fort som ingenting.»

Later that day, Perrault came back with two more husky dogs.

Senere samme dag kom Perrault tilbake med to huskyhunder til.

Their names were Billee and Joe, and they were brothers.

De hette Billee og Joe, og de var brødre.

They came from the same mother, but were not alike at all.

De kom fra samme mor, men var ikke like i det hele tatt.

Billee was sweet-natured and too friendly with everyone.

Billee var godhjertet og altfor vennlig med alle.

Joe was the opposite—quiet, angry, and always snarling.

Joe var det motsatte – stille, sint og alltid knurrende.

Buck greeted them in a friendly way and was calm with both.

Buck hilste vennlig på dem og var rolig med begge.

Dave paid no attention to them and stayed silent as usual.

Dave brydde seg ikke om dem og forble taus som vanlig.

Spitz attacked first Billee, then Joe, to show his dominance.

Spitz angrep først Billee, deretter Joe, for å vise sin dominans.

Billee wagged his tail and tried to be friendly to Spitz.

Billee logret med halen og prøvde å være vennlig mot Spitz.

When that didn't work, he tried to run away instead.

Da det ikke fungerte, prøvde han å stikke av i stedet.

He cried sadly when Spitz bit him hard on the side.

Han gråt dystert da Spitz bet ham hardt i siden.

But Joe was very different and refused to be bullied.

Men Joe var veldig annerledes og nektet å bli mobbet.

Every time Spitz came near, Joe spun to face him fast.

Hver gang Spitz kom nær, snudde Joe seg raskt for å møte ham.

His fur bristled, his lips curled, and his teeth snapped wildly.

Pelsen hans strittet, leppene hans krøllet seg, og tennene hans knakk vilt.

Joe's eyes gleamed with fear and rage, daring Spitz to strike.

Joes øyne glitret av frykt og raseri, og utfordret Spitz til å slå til.

Spitz gave up the fight and turned away, humiliated and angry.

Spitz ga opp kampen og snudde seg bort, ydmyket og sint.

He took out his frustration on poor Billee and chased him away.

Han lot frustrasjonen sin gå ut over stakkars Billee og jaget ham vekk.

That evening, Perrault added one more dog to the team.

Den kvelden la Perrault til enda en hund i spannet.

This dog was old, lean, and covered in battle scars.

Denne hunden var gammel, mager og dekket av arr fra krigsår.

One of his eyes was missing, but the other flashed with power.

Det ene øyet hans manglet, men det andre glitret av kraft.

The new dog's name was Solleks, which meant the Angry One.

Den nye hundens navn var Solleks, som betydde Den Sinte.

Like Dave, Solleks asked nothing from others, and gave nothing back.

I likhet med Dave ba Solleks ikke om noe fra andre, og ga ingenting tilbake.

When Solleks walked slowly into camp, even Spitz stayed away.

Da Solleks gikk sakte inn i leiren, holdt selv Spitz seg unna.

He had a strange habit that Buck was unlucky to discover.

Han hadde en merkelig vane som Buck var uheldig å oppdage.

Solleks hated being approached on the side where he was blind.

Solleks hatet å bli kontaktet fra den siden hvor han var blind.

Buck did not know this and made that mistake by accident.

Buck visste ikke dette og gjorde den feilen ved et uhell.

Solleks spun around and slashed Buck's shoulder deep and fast.

Solleks snudde seg rundt og skar Buck dypt og raskt i skulderen.

From that moment on, Buck never came near Solleks' blind side.

Fra det øyeblikket av kom Buck aldri i nærheten av Solleks' blinde side.

They never had trouble again for the rest of their time together.

De hadde aldri problemer igjen resten av tiden de var sammen.

Solleks wanted only to be left alone, like quiet Dave.

Solleks ville bare bli i fred, som stille Dave.

But Buck would later learn they each had another secret goal.

Men Buck skulle senere få vite at de hver hadde et annet hemmelig mål.

That night Buck faced a new and troubling challenge—how to sleep.

Den natten sto Buck overfor en ny og problematisk utfordring – hvordan han skulle sove.

The tent glowed warmly with candlelight in the snowy field.

Teltet glødet varmt av levende lys i den snødekte feltet.

Buck walked inside, thinking he could rest there like before.

Buck gikk inn og tenkte at han kunne hvile der som før.

But Perrault and François yelled at him and threw pans.

Men Perrault og François ropte til ham og kastet panner.

Shocked and confused, Buck ran out into the freezing cold.

Sjokkert og forvirret løp Buck ut i den iskalde kulden.

A bitter wind stung his wounded shoulder and froze his paws.

En bitter vind sved i den sårede skulderen hans og frøs til frøs potene hans.

He lay down in the snow and tried to sleep out in the open.

Han la seg ned i snøen og prøvde å sove ute i det fri.

But the cold soon forced him to get back up, shaking badly.

Men kulden tvang ham snart til å reise seg igjen, skjelvende.

He wandered through the camp, trying to find a warmer spot.

Han vandret gjennom leiren og prøvde å finne et varmere sted.

But every corner was just as cold as the one before.

Men hvert hjørne var like kaldt som det forrige.

Sometimes savage dogs jumped at him from the darkness.

Noen ganger hoppet ville hunder mot ham fra mørket.

Buck bristled his fur, bared his teeth, and snarled with warning.

Buck strittet i pelsen, viste tennene og glefset advarende.

He was learning fast, and the other dogs backed off quickly.

Han lærte fort, og de andre hundene trakk seg raskt unna.

Still, he had no place to sleep, and no idea what to do.

Likevel hadde han ikke noe sted å sove, og ante ikke hva han skulle gjøre.

At last, a thought came to him—check on his team-mates.

Endelig slo ham en tanke – sjekke hvordan det går med lagkameratene sine.

He returned to their area and was surprised to find them gone.

Han dro tilbake til området deres og ble overrasket over å finne dem borte.

Again he searched the camp, but still could not find them.

Igjen lette han gjennom leiren, men fant dem fortsatt ikke.

He knew they could not be in the tent, or he would be too.

Han visste at de ikke kunne være i teltet, ellers ville han også være det.

So where had all the dogs gone in this frozen camp?

Så hvor hadde alle hundene blitt av i denne frosne leiren?

Buck, cold and miserable, slowly circled around the tent.

Buck, kald og ulykkelig, sirklet sakte rundt teltet.

Suddenly, his front legs sank into soft snow and startled him.

Plutselig sank forbeina hans ned i den myke snøen og skremte ham.

Something wriggled under his feet, and he jumped back in fear.

Noe vred seg under føttene hans, og han hoppet bakover i frykt.

He growled and snarled, not knowing what lay beneath the snow.

Han knurret og glefset, uten å vite hva som lå under snøen.

Then he heard a friendly little bark that eased his fear.

Så hørte han et vennlig lite bjeff som dempet frykten hans.

He sniffed the air and came closer to see what was hidden.

Han snuste i luften og kom nærmere for å se hva som var skjult.

Under the snow, curled into a warm ball, was little Billee.

Under snøen, krøllet sammen til en varm ball, lå lille Billee.

Billee wagged his tail and licked Buck's face to greet him.

Billee logret med halen og slikket Buck i ansiktet for å hilse på ham.

Buck saw how Billee had made a sleeping place in the snow.

Buck så hvordan Billee hadde laget en soveplass i snøen.

He had dug down and used his own heat to stay warm.

Han hadde gravd seg ned og brukt sin egen varme for å holde seg varm.

Buck had learned another lesson—this was how the dogs slept.

Buck hadde lært en annen lekse – det var slik hundene sov.

He picked a spot and started digging his own hole in the snow.

Han valgte et sted og begynte å grave sitt eget hull i snøen.

At first, he moved around too much and wasted energy.

I starten beveget han seg for mye og sløste med energi.

But soon his body warmed the space, and he felt safe.
Men snart varmet kroppen hans opp rommet, og han følte seg trygg.
He curled up tightly, and before long he was fast asleep.
Han krøllet seg tett sammen, og det tok ikke lang tid før han sov dypt.
The day had been long and hard, and Buck was exhausted.
Dagen hadde vært lang og hard, og Buck var utslitt.
He slept deeply and comfortably, though his dreams were wild.
Han sov dypt og komfortabelt, selv om drømmene hans var ville.
He growled and barked in his sleep, twisting as he dreamed.
Han knurret og bjeffet i søvne, og vred seg mens han drømte.

Buck didn't wake up until the camp was already coming to life.
Buck våknet ikke før leiren allerede våknet til liv.
At first, he didn't know where he was or what had happened.
Først visste han ikke hvor han var eller hva som hadde skjedd.
Snow had fallen overnight and completely buried his body.
Snø hadde falt over natten og begravd kroppen hans fullstendig.
The snow pressed in around him, tight on all sides.
Snøen presset seg tett rundt ham på alle kanter.
Suddenly a wave of fear rushed through Buck's entire body.
Plutselig fór en bølge av frykt gjennom hele Bucks kropp.
It was the fear of being trapped, a fear from deep instincts.
Det var frykten for å bli fanget, en frykt fra dype instinkter.
Though he had never seen a trap, the fear lived inside him.
Selv om han aldri hadde sett en felle, levde frykten inni ham.
He was a tame dog, but now his old wild instincts were waking.
Han var en tam hund, men nå våknet hans gamle ville instinkter.

Buck's muscles tensed, and his fur stood up all over his back.

Bucks muskler strammet seg, og pelsen hans reiste seg over hele ryggen.

He snarled fiercely and sprang straight up through the snow.

Han knurret voldsomt og sprang rett opp gjennom snøen.

Snow flew in every direction as he burst into the daylight.

Snøen fløy i alle retninger idet han brøt ut i dagslyset.

Even before landing, Buck saw the camp spread out before him.

Selv før landing så Buck leiren brede seg ut foran seg.

He remembered everything from the day before, all at once.

Han husket alt fra dagen før, på en gang.

He remembered strolling with Manuel and ending up in this place.

Han husket at han spaserte med Manuel og endte opp på dette stedet.

He remembered digging the hole and falling asleep in the cold.

Han husket at han gravde hullet og sovnet i kulden.

Now he was awake, and the wild world around him was clear.

Nå var han våken, og den ville verden rundt ham var klar.

A shout from François hailed Buck's sudden appearance.

Et rop fra François hyllet Bucks plutselige opptreden.

"What did I say?" the dog-driver cried loudly to Perrault.

«Hva sa jeg?» ropte hundeføreren høyt til Perrault.

"That Buck for sure learns quick as anything," François added.

«Den Buck lærer jo så absolutt fort,» la François til.

Perrault nodded gravely, clearly pleased with the result.

Perrault nikket alvorlig, tydelig fornøyd med resultatet.

As a courier for the Canadian Government, he carried dispatches.

Som kurer for den kanadiske regjeringen fraktet han forsendelser.

He was eager to find the best dogs for his important mission.

Han var ivrig etter å finne de beste hundene til sitt viktige oppdrag.

He felt especially pleased now that Buck was part of the team.

Han følte seg spesielt fornøyd nå som Buck var en del av laget.

Three more huskies were added to the team within an hour.

Tre nye huskyer ble lagt til teamet i løpet av en time.

That brought the total number of dogs on the team to nine.

Det brakte det totale antallet hunder i laget til ni.

Within fifteen minutes all the dogs were in their harnesses.

Innen femten minutter var alle hundene i selene sine.

The sled team was swinging up the trail toward Dyea Cañon.

Akespannet svingte oppover stien mot Dyea Cañon.

Buck felt glad to be leaving, even if the work ahead was hard.

Buck var glad for å dra, selv om arbeidet som lå foran ham var hardt.

He found he did not particularly despise the labor or the cold.

Han fant ut at han ikke spesielt foraktet arbeidet eller kulden.

He was surprised by the eagerness that filled the whole team.

Han ble overrasket over iveren som fylte hele laget.

Even more surprising was the change that had come over Dave and Solleks.

Enda mer overraskende var forandringen som hadde kommet over Dave og Solleks.

These two dogs were entirely different when they were harnessed.

Disse to hundene var helt forskjellige da de var i sele.

Their passiveness and lack of concern had completely disappeared.

Deres passivitet og mangel på bekymring hadde forsvunnet fullstendig.

They were alert and active, and eager to do their work well.

De var årvåkne og aktive, og ivrige etter å gjøre jobben sin bra.

They grew fiercely irritated at anything that caused delay or confusion.

De ble voldsomt irriterte over alt som forårsaket forsinkelse eller forvirring.

The hard work on the reins was the center of their entire being.

Det harde arbeidet med tøylene var sentrum for hele deres vesen.

Sled pulling seemed to be the only thing they truly enjoyed.

Aketrekking så ut til å være det eneste de virkelig likte.

Dave was at the back of the group, closest to the sled itself.

Dave var bakerst i gruppen, nærmest selve sleden.

Buck was placed in front of Dave, and Solleks pulled ahead of Buck.

Buck ble plassert foran Dave, og Solleks trakk seg foran Buck.

The rest of the dogs were strung out ahead in a single file.

Resten av hundene lå langs rekke foran i én rekke.

The lead position at the front was filled by Spitz.

Lederposisjonen foran ble fylt av Spitz.

Buck had been placed between Dave and Solleks for instruction.

Buck hadde blitt plassert mellom Dave og Solleks for instruksjon.

He was a quick learner, and they were firm and capable teachers.

Han lærte raskt, og de var bestemte og dyktige lærere.

They never allowed Buck to remain in error for long.

De lot aldri Buck forbli i villfarelse lenge.

They taught their lessons with sharp teeth when needed.

De underviste med skarpe tenner når det var nødvendig.

Dave was fair and showed a quiet, serious kind of wisdom.

Dave var rettferdig og viste en stille, seriøs form for visdom.

He never bit Buck without a good reason to do so.

Han bet aldri Buck uten en god grunn til det.

But he never failed to bite when Buck needed correction.

Men han unnlot aldri å bite når Buck trengte korrigering.

François's whip was always ready and backed up their authority.
François' pisk var alltid klar og støttet opp om autoriteten deres.
Buck soon found it was better to obey than to fight back.
Buck fant snart ut at det var bedre å adlyde enn å slå tilbake.
Once, during a short rest, Buck got tangled in the reins.
En gang, under en kort hvil, viklet Buck seg inn i tøylene.
He delayed the start and confused the team's movement.
Han forsinket starten og forvirret lagets bevegelser.
Dave and Solleks flew at him and gave him a rough beating.
Dave og Solleks fór mot ham og ga ham en hard juling.
The tangle only got worse, but Buck learned his lesson well.
Floken ble bare verre, men Buck lærte leksa si godt.
From then on, he kept the reins taut, and worked carefully.
Fra da av holdt han tømmene stramt og arbeidet forsiktig.
Before the day ended, Buck had mastered much of his task.
Før dagen var omme, hadde Buck mestret mye av oppgaven sin.
His teammates almost stopped correcting or biting him.
Lagkameratene hans holdt nesten på å slutte å korrigere eller bite ham.
François's whip cracked through the air less and less often.
François' pisk knitret sjeldnere og sjeldnere gjennom luften.
Perrault even lifted Buck's feet and carefully examined each paw.
Perrault løftet til og med Bucks føtter og undersøkte nøye hver pote.
It had been a hard day's run, long and exhausting for them all.
Det hadde vært en hard løpetur, lang og slitsom for dem alle.
They travelled up the Cañon, through Sheep Camp, and past the Scales.
De reiste opp Cañon, gjennom Sheep Camp og forbi Scales.
They crossed the timber line, then glaciers and snowdrifts many feet deep.

De krysset tømmergrensen, deretter isbreer og snøfonner mange meter dype.

They climbed the great cold and forbidding Chilkoot Divide.

De klatret den store, kalde og forferdelige Chilkoot-kløften.

That high ridge stood between salt water and the frozen interior.

Den høye åskammen lå mellom saltvann og det frosne indre.

The mountains guarded the sad and lonely North with ice and steep climbs.

Fjellene voktet det triste og ensomme Nord med is og bratte stigninger.

They made good time down a long chain of lakes below the divide.

De hadde god tid nedover en lang rekke med innsjøer nedenfor grensen.

Those lakes filled the ancient craters of extinct volcanoes.

Disse innsjøene fylte de gamle kratrene til utdødde vulkaner.

Late that night, they reached a large camp at Lake Bennett.

Sent den kvelden nådde de en stor leir ved Lake Bennett.

Thousands of gold seekers were there, building boats for spring.

Tusenvis av gullsøkere var der og bygde båter til våren.

The ice was going break up soon, and they had to be ready.

Isen skulle snart bryte opp, og de måtte være forberedt.

Buck dug his hole in the snow and fell into a deep sleep.

Buck gravde hullet sitt i snøen og falt i en dyp søvn.

He slept like a working man, exhausted from the harsh day of toil.

Han sov som en arbeider, utmattet etter den harde dagen med slit.

But too early in the darkness, he was dragged from sleep.

Men altfor tidlig i mørket ble han dratt ut av søvnen.

He was harnessed with his mates again and attached to the sled.

Han ble spennt for sele sammen med kameratene sine igjen og festet til sleden.

That day they made forty miles, because the snow was well trodden.
Den dagen tilbakela de førti mil, fordi snøen var godt tråkket.
The next day, and for many days after, the snow was soft.
Dagen etter, og i mange dager etter, var snøen myk.
They had to make the path themselves, working harder and moving slower.
De måtte lage stien selv, jobbe hardere og bevege seg saktere.
Usually, Perrault walked ahead of the team with webbed snowshoes.
Vanligvis gikk Perrault foran laget med truger med svømmehud.
His steps packed the snow, making it easier for the sled to move.
Skrittene hans pakket snøen, noe som gjorde det lettere for sleden å bevege seg.
François, who steered from the gee-pole, sometimes took over.
François, som styrte fra gee-polen, tok noen ganger over.
But it was rare that François took the lead
Men det var sjelden at François tok ledelsen
because Perrault was in a rush to deliver the letters and parcels.
fordi Perrault hadde det travelt med å levere brevene og pakkene.
Perrault was proud of his knowledge of snow, and especially ice.
Perrault var stolt av sin kunnskap om snø, og spesielt is.
That knowledge was essential, because fall ice was dangerously thin.
Den kunnskapen var viktig, for høstisen var farlig tynn.
Where water flowed fast beneath the surface, there was no ice at all.
Der vannet rant raskt under overflaten, var det ingen is i det hele tatt.

Day after day, the same routine repeated without end.

Dag etter dag gjentok den samme rutinen seg uten ende.

Buck toiled endlessly in the reins from dawn until night.

Buck slet uendelig i tømmene fra daggry til natt.

They left camp in the dark, long before the sun had risen.

De forlot leiren i mørket, lenge før solen hadde stått opp.

By the time daylight came, many miles were already behind them.

Da dagslyset kom, var mange mil allerede bak dem.

They pitched camp after dark, eating fish and burrowing into snow.

De slo leir etter mørkets frembrudd, spiste fisk og gravde seg ned i snøen.

Buck was always hungry and never truly satisfied with his ration.

Buck var alltid sulten og aldri helt fornøyd med rasjonen sin.

He received a pound and a half of dried salmon each day.

Han fikk halvannet pund tørket laks hver dag.

But the food seemed to vanish inside him, leaving hunger behind.

Men maten syntes å forsvinne inni ham, og etterlot sulten.

He suffered from constant pangs of hunger, and dreamed of more food.

Han led av konstant sultfølelse og drømte om mer mat.

The other dogs got only one pound of food, but they stayed strong.

De andre hundene fikk bare ett pund mat, men de holdt seg sterke.

They were smaller, and had been born into the northern life.

De var mindre, og hadde blitt født inn i det nordlige livet.

He swiftly lost the fastidiousness which had marked his old life.

Han mistet raskt den kresenheten som hadde preget hans gamle liv.

He had been a dainty eater, but now that was no longer possible.

Han hadde vært en finspiser, men nå var ikke det lenger mulig.

His mates finished first and robbed him of his unfinished ration.

Kameratene hans ble først ferdige og frarøvet ham den uferdige rasjonen.

Once they began there was no way to defend his food from them.

Da de først hadde begynt, var det ingen måte å forsvare maten hans mot dem.

While he fought off two or three dogs, the others stole the rest.

Mens han kjempet mot to eller tre hunder, stjal de andre resten.

To fix this, he began eating as fast as the others ate.

For å fikse dette begynte han å spise like fort som de andre spiste.

Hunger pushed him so hard that he even took food not his own.

Sulten presset ham så hardt at han til og med spiste mat som ikke var sin egen.

He watched the others and learned quickly from their actions.

Han så på de andre og lærte raskt av handlingene deres.

He saw Pike, a new dog, steal a slice of bacon from Perrault.

Han så Pike, en ny hund, stjele en skive bacon fra Perrault.

Pike had waited until Perrault's back was turned to steal the bacon.

Pike hadde ventet til Perrault ble vendt ryggen til før han stjal baconet.

The next day, Buck copied Pike and stole the whole chunk.

Dagen etter kopierte Buck Pike og stjal hele delen.

A great uproar followed, but Buck was not suspected.

Et stort oppstyr fulgte, men Buck ble ikke mistenkt.

Dub, a clumsy dog who always got caught, was punished instead.

Dub, en klønete hund som alltid ble tatt, ble straffet i stedet.

That first theft marked Buck as a dog fit to survive the North.

Det første tyveriet markerte Buck som en hund som var skikket til å overleve i Nord.

He showed he could adapt to new conditions and learn quickly.

Han viste at han kunne tilpasse seg nye forhold og lære raskt.

Without such adaptability, he would have died swiftly and badly.

Uten en slik tilpasningsevne ville han ha dødd raskt og stygt.

It also marked the breakdown of his moral nature and past values.

Det markerte også sammenbruddet av hans moralske natur og tidligere verdier.

In the Southland, he had lived under the law of love and kindness.

I Sørlandet hadde han levd under kjærlighetens og godhetens lov.

There it made sense to respect property and other dogs' feelings.

Der var det fornuftig å respektere eiendom og andre hunders følelser.

But the Northland followed the law of club and the law of fang.

Men Nordlandet fulgte loven om kølle og loven om fang.

Whoever respected old values here was foolish and would fail.

Den som respekterte gamle verdier her var tåpelig og ville mislykkes.

Buck did not reason all this out in his mind.

Buck resonnerte ikke alt dette ut i sitt sinn.

He was fit, and so he adjusted without needing to think.

Han var i form, så han justerte seg uten å måtte tenke.

All his life, he had never run away from a fight.

Hele livet hadde han aldri rømt fra en slåsskamp.

But the wooden club of the man in the red sweater changed that rule.

Men trekjøllen til mannen i den røde genseren endret den regelen.

Now he followed a deeper, older code written into his being.
Nå fulgte han en dypere, eldre kode skrevet inn i hans vesen.
He did not steal out of pleasure, but from the pain of hunger.
Han stjal ikke av nytelse, men av sultens smerte.
He never robbed openly, but stole with cunning and care.
Han ranet aldri åpenlyst, men stjal med list og forsiktighet.
He acted out of respect for the wooden club and fear of the fang.
Han handlet av respekt for trekjøllen og frykt for hoggtannen.
In short, he did what was easier and safer than not doing it.
Kort sagt, han gjorde det som var enklere og tryggere enn å ikke gjøre det.
His development—or perhaps his return to old instincts— was fast.
Utviklingen hans – eller kanskje tilbakekomsten til gamle instinkter – gikk raskt.
His muscles hardened until they felt as strong as iron.
Musklene hans stivnet til de føltes sterke som jern.
He no longer cared about pain, unless it was serious.
Han brydde seg ikke lenger om smerte, med mindre den var alvorlig.
He became efficient inside and out, wasting nothing at all.
Han ble effektiv både innvendig og utvendig, og sløste ingenting bort.
He could eat things that were vile, rotten, or hard to digest.
Han kunne spise ting som var avskyelige, råtne eller vanskelige å fordøye.
Whatever he ate, his stomach used every last bit of value.
Uansett hva han spiste, brukte magen hans opp hver minste verdi.
His blood carried the nutrients far through his powerful body.
Blodet hans fraktet næringsstoffene langt gjennom den kraftige kroppen hans.
This built strong tissues that gave him incredible endurance.
Dette bygde opp sterkt vev som ga ham utrolig utholdenhet.

His sight and smell became much more sensitive than before.
Synet og luktesansen hans ble mye mer følsom enn før.

His hearing grew so sharp he could detect faint sounds in sleep.
Hørselen hans ble så skarp at han kunne oppfatte svake lyder i søvne.

He knew in his dreams whether the sounds meant safety or danger.
Han visste i drømmene sine om lydene betydde sikkerhet eller fare.

He learned to bite the ice between his toes with his teeth.
Han lærte å bite i isen mellom tærne med tennene.

If a water hole froze over, he would break the ice with his legs.
Hvis et vannhull frøs til, ville han knekke isen med beina.

He reared up and struck the ice hard with stiff front limbs.
Han reiste seg opp og slo hardt i isen med stive forbein.

His most striking ability was predicting wind changes overnight.
Hans mest slående evne var å forutsi vindendringer over natten.

Even when the air was still, he chose spots sheltered from wind.
Selv når luften var stille, valgte han steder skjermet for vind.

Wherever he dug his nest, the next day's wind passed him by.
Uansett hvor han gravde reiret sitt, blåste neste dags vind forbi ham.

He always ended up snug and protected, to leeward of the breeze.
Han endte alltid opp med å ligge lunt og beskyttet, i le av brisen.

Buck not only learned by experience — his instincts returned too.
Buck lærte ikke bare av erfaring – instinktene hans kom også tilbake.

The habits of domesticated generations began to fall away.
Vanene til tamme generasjoner begynte å falle bort.
In vague ways, he remembered the ancient times of his breed.
På vage måter husket han oldtiden til sin rase.
He thought back to when wild dogs ran in packs through forests.
Han tenkte tilbake på den gang ville hunder løp i flokk gjennom skoger.
They had chased and killed their prey while running it down.
De hadde jaget og drept byttet sitt mens de løp nedover det.
It was easy for Buck to learn how to fight with tooth and speed.
Det var lett for Buck å lære å slåss med tann og fart.
He used cuts, slashes, and quick snaps just like his ancestors.
Han brukte kutt, skråstrek og raske snaps akkurat som sine forfedre.
Those ancestors stirred within him and awoke his wild nature.
Disse forfedrene rørte seg i ham og vekket hans ville natur.
Their old skills had passed into him through the bloodline.
De gamle ferdighetene deres hadde blitt arvet av ham gjennom blodslinjen.
Their tricks were his now, with no need for practice or effort.
Nå var triksene deres hans, uten behov for øvelse eller anstrengelse.

On still, cold nights, Buck lifted his nose and howled.
På stille, kalde netter løftet Buck nesen og hylte.
He howled long and deep, the way wolves had done long ago.
Han hylte lenge og dypt, slik ulver hadde gjort for lenge siden.
Through him, his dead ancestors pointed their noses and howled.

Gjennom ham pekte hans avdøde forfedre nesen og hylte.
They howled down through the centuries in his voice and shape.
De hylte ned gjennom århundrene i stemmen og skikkelsen hans.
His cadences were theirs, old cries that told of grief and cold.
Kadensene hans var deres, gamle rop som fortalte om sorg og kulde.
They sang of darkness, of hunger, and the meaning of winter.
De sang om mørke, om sult og vinterens betydning.
Buck proved of how life is shaped by forces beyond oneself,
Buck beviste hvordan livet formes av krefter utenfor en selv,
the ancient song rose through Buck and took hold of his soul.
den eldgamle sangen steg gjennom Buck og grep sjelen hans.
He found himself because men had found gold in the North.
Han fant seg selv fordi menn hadde funnet gull i Nord.
And he found himself because Manuel, the gardener's helper, needed money.
Og han fant seg selv fordi Manuel, gartnerens hjelper, trengte penger.

The Dominant Primordial Beast
Det dominerende urbeistet

The dominant primordial beast was as strong as ever in Buck.
Det dominerende urbeistet var like sterkt som alltid i Buck.
But the dominant primordial beast had lain dormant in him.
Men det dominerende urbeistet hadde ligget i dvale i ham.
Trail life was harsh, but it strengthened beast inside Buck.
Livet på stiene var hardt, men det styrket dyret inni Buck.
Secretly the beast grew stronger and stronger every day.
I hemmelighet ble udyret sterkere og sterkere for hver dag.
But that inner growth stayed hidden to the outside world.
Men den indre veksten forble skjult for omverdenen.
A quiet and calm primordial force was building inside Buck.
En stille og rolig urkraft bygde seg opp inni Buck.
New cunning gave Buck balance, calm control, and poise.
Ny list ga Buck balanse, rolig kontroll og holdning.
Buck focused hard on adapting, never feeling fully relaxed.
Buck fokuserte hardt på å tilpasse seg, og følte seg aldri helt avslappet.
He avoided conflict, never starting fights, nor seeking trouble.
Han unngikk konflikter, startet aldri slåsskamper eller søkte bråk.
A slow, steady thoughtfulness shaped Buck's every move.
En langsom, jevn omtanke formet hver eneste bevegelse av Buck.
He avoided rash choices and sudden, reckless decisions.
Han unngikk forhastede valg og plutselige, hensynsløse avgjørelser.
Though Buck hated Spitz deeply, he showed him no aggression.
Selv om Buck hatet Spitz dypt, viste han ham ingen aggresjon.
Buck never provoked Spitz, and kept his actions restrained.
Buck provoserte aldri Spitz, og holdt handlingene sine tilbakeholdne.

Spitz, on the other hand, sensed the growing danger in Buck.

Spitz, derimot, ante den økende faren i Buck.

He saw Buck as a threat and a serious challenge to his power.

Han så på Buck som en trussel og en alvorlig utfordring mot sin makt.

He used every chance to snarl and show his sharp teeth.

Han benyttet enhver anledning til å knurre og vise frem de skarpe tennene sine.

He was trying to start the deadly fight that had to come.

Han prøvde å starte den dødelige kampen som måtte komme.

Early in the trip, a fight nearly broke out between them.

Tidlig på turen holdt det på å brøt ut en slåsskamp mellom dem.

But an unexpected accident stopped the fight from happening.

Men en uventet ulykke stoppet kampen.

That evening they set up camp on the bitterly cold Lake Le Barge.

Den kvelden slo de leir ved den bitende kalde innsjøen Le Barge.

The snow was falling hard, and the wind cut like a knife.

Snøen falt kraftig, og vinden skar som en kniv.

The night had come too fast, and darkness surrounded them.

Natten kom altfor fort, og mørket omsluttet dem.

They could hardly have chosen a worse place for rest.

De kunne knapt ha valgt et verre sted for hvile.

The dogs searched desperately for a place to lie down.

Hundene lette desperat etter et sted å ligge.

A tall rock wall rose steeply behind the small group.

En høy fjellvegg reiste seg bratt bak den lille gruppen.

The tent had been left behind in Dyea to lighten the load.

Teltet hadde blitt etterlatt i Dyea for å lette byrden.

They had no choice but to make the fire on the ice itself.

De hadde ikke noe annet valg enn å lage bålet på selve isen.

They spread their sleeping robes directly on the frozen lake.

De spredte sovekåpene sine rett på den frosne innsjøen.
A few sticks of driftwood gave them a little bit of fire.
Noen få drivvedstokker ga dem litt ild.
But the fire was built on the ice, and thawed through it.
Men ilden ble tent på isen, og tint gjennom den.
Eventually they were eating their supper in darkness.
Til slutt spiste de kveldsmaten sin i mørket.
Buck curled up beside the rock, sheltered from the cold wind.
Buck krøllet seg sammen ved siden av steinen, ly for den kalde vinden.
The spot was so warm and safe that Buck hated to move away.
Stedet var så varmt og trygt at Buck hatet å flytte seg vekk.
But François had warmed the fish and was handing out rations.
Men François hadde varmet fisken og delte ut rasjoner.
Buck finished eating quickly, and returned to his bed.
Buck ble raskt ferdig med å spise og gikk tilbake til sengen sin.
But Spitz was now laying where Buck had made his bed.
Men Spitz lå nå der Buck hadde redd opp sengen sin.
A low snarl warned Buck that Spitz refused to move.
Et lavt knurr advarte Buck om at Spitz nektet å røre seg.
Until now, Buck had avoided this fight with Spitz.
Frem til nå hadde Buck unngått denne kampen med Spitz.
But deep inside Buck the beast finally broke loose.
Men dypt inne i Buck brøt udyret endelig løs.
The theft of his sleeping place was too much to tolerate.
Tyveriet av soveplassen hans var for mye å tolerere.
Buck launched himself at Spitz, full of anger and rage.
Buck kastet seg mot Spitz, full av sinne og raseri.
Up until not Spitz had thought Buck was just a big dog.
Frem til nå hadde Spitz trodd at Buck bare var en stor hund.
He didn't think Buck had survived through his spirit.
Han trodde ikke Buck hadde overlevd gjennom ånden sin.
He was expecting fear and cowardice, not fury and revenge.
Han forventet frykt og feighet, ikke raseri og hevn.

François stared as both dogs burst from the ruined nest.

François stirret mens begge hundene braste ut av det ødelagte reiret.

He understood at once what had started the wild struggle.

Han forsto med en gang hva som hadde startet den ville kampen.

"A-a-ah!" François cried out in support of the brown dog.

«Aa-ah!» ropte François til støtte for den brune hunden.

"Give him a beating! By God, punish that sneaky thief!"

«Gi ham juling! Ved Gud, straff den lumske tyven!»

Spitz showed equal readiness and wild eagerness to fight.

Spitz viste like stor beredskap og vill iver etter å kjempe.

He cried out in rage while circling fast, seeking an opening.

Han ropte ut i raseri mens han sirklet raskt og lette etter en åpning.

Buck showed the same hunger to fight, and the same caution.

Buck viste den samme kamplysten og den samme forsiktigheten.

He circled his opponent as well, trying to gain the upper hand in battle.

Han sirklet også rundt motstanderen sin i et forsøk på å få overtaket i kampen.

Then something unexpected happened and changed everything.

Så skjedde det noe uventet og forandret alt.

That moment delayed the eventual fight for the leadership.

Det øyeblikket forsinket den endelige kampen om lederskapet.

Many miles of trail and struggle still waited before the end.

Mange kilometer med stier og kamp ventet fortsatt før slutten.

Perrault shouted an oath as a club smacked against bone.

Perrault ropte en ed mens en kølle slo mot et bein.

A sharp yelp of pain followed, then chaos exploded all around.

Et skarpt smertehyl fulgte, deretter eksploderte kaos rundt omkring.

Dark shapes moved in camp; wild huskies, starved and fierce.
Mørke skikkelser beveget seg i leiren; ville huskyer, sultne og hissige.

Four or five dozen huskies had sniffed the camp from far away.
Fire eller fem dusin huskyer hadde snust på leiren langveisfra.

They had crept in quietly while the two dogs fought nearby.
De hadde sneket seg stille inn mens de to hundene sloss i nærheten.

François and Perrault charged, swinging clubs at the invaders.
François og Perrault angrep inntrengerne og svingte køller.

The starving huskies showed teeth and fought back in frenzy.
De sultende huskyene viste tenner og kjempet tilbake i vanvidd.

The smell of meat and bread had driven them past all fear.
Lukten av kjøtt og brød hadde drevet dem over all frykt.

Perrault beat a dog that had buried its head in the grub-box.
Perrault slo en hund som hadde begravd hodet sitt i matkassen.

The blow hit hard, and the box flipped, food spilling out.
Slaget traff hardt, esken veltet, og maten rant ut.

In seconds, a score of wild beasts tore into the bread and meat.
I løpet av sekunder rev en rekke ville dyr seg i brødet og kjøttet.

The men's clubs landed blow after blow, but no dog turned away.
Herreklubbene landet slag etter slag, men ingen hund snudde seg.

They howled in pain, but fought until no food remained.
De hylte av smerte, men kjempet til det ikke var mat igjen.

Meanwhile, the sled-dogs had jumped from their snowy beds.

I mellomtiden hadde sledehundene hoppet opp fra de snødekte sengene sine.

They were instantly attacked by the vicious hungry huskies.

De ble umiddelbart angrepet av de ondsinnede sultne huskyene.

Buck had never seen such wild and starved creatures before.

Buck hadde aldri sett så ville og sultne skapninger før.

Their skin hung loose, barely hiding their skeletons.

Huden deres hang løs og skjulte så vidt skjelettene.

There was a fire in their eyes, from hunger and madness

Det var en ild i øynene deres, fra sult og galskap

There was no stopping them; no resisting their savage rush.

Det var ingen som kunne stoppe dem; ingen kunne motstå deres ville fremmarsj.

The sled-dogs were shoved back, pressed against the cliff wall.

Sledehundene ble dyttet tilbake, presset mot klippeveggen.

Three huskies attacked Buck at once, tearing into his flesh.

Tre huskyer angrep Buck samtidig og rev ham i kjøttet.

Blood poured from his head and shoulders, where he'd been cut.

Blod strømmet fra hodet og skuldrene hans, der han hadde blitt kuttet.

The noise filled the camp; growling, yelps, and cries of pain.

Støyen fylte leiren; knurring, hyling og smerteskrik.

Billee cried loudly, as usual, caught in the fray and panic.

Billee gråt høyt, som vanlig, fanget i striden og panikken.

Dave and Solleks stood side by side, bleeding but defiant.

Dave og Solleks sto side om side, blødende, men trassige.

Joe fought like a demon, biting anything that came close.

Joe kjempet som en demon og bet alt som kom i nærheten.

He crushed a husky's leg with one brutal snap of his jaws.

Han knuste et bein på en husky med et brutalt knekk med kjevene.

Pike jumped on the wounded husky and broke its neck instantly.

Gjedde hoppet opp på den sårede huskyen og brakk nakken dens momentant.

Buck caught a husky by the throat and ripped through the vein.

Buck tok tak i halsen på en husky og rev gjennom en vene.

Blood sprayed, and the warm taste drove Buck into a frenzy.

Blod sprutet, og den varme smaken gjorde Buck rasende.

He hurled himself at another attacker without hesitation.

Han kastet seg mot en annen angriper uten å nøle.

At the same moment, sharp teeth dug into Buck's own throat.

I samme øyeblikk gravde skarpe tenner seg inn i Bucks egen hals.

Spitz had struck from the side, attacking without warning.

Spitz hadde slått til fra siden og angrepet uten forvarsel.

Perrault and François had defeated the dogs stealing the food.

Perrault og François hadde beseiret hundene som stjal maten.

Now they rushed to help their dogs fight back the attackers.

Nå skyndte de seg for å hjelpe hundene sine med å slå tilbake angriperne.

The starving dogs retreated as the men swung their clubs.

De sultende hundene trakk seg tilbake mens mennene svingte køllene sine.

Buck broke free from the attack, but the escape was brief.

Buck brøt seg løs fra angrepet, men flukten var kort.

The men ran to save their dogs, and the huskies swarmed again.

Mennene løp for å redde hundene sine, og huskyene svermet igjen.

Billee, frightened into bravery, leapt into the pack of dogs.

Billee, skremt til tapperhet, hoppet inn i hundeflokken.

But then he fled across the ice, in raw terror and panic.

Men så flyktet han over isen, i rå redsel og panikk.

Pike and Dub followed close behind, running for their lives.

Pike og Dub fulgte tett etter og løp for livet.

The rest of the team broke and scattered, following after them.

Resten av laget brøt ut og spredte seg, og fulgte etter dem.

Buck gathered his strength to run, but then saw a flash.

Buck samlet krefter for å løpe, men så et glimt.

Spitz lunged at Buck's side, trying to knock him to the ground.

Spitz kastet seg bort til Buck og prøvde å slå ham i bakken.

Under that mob of huskies, Buck would have had no escape.

Under den flokken med huskyer ville Buck ikke hatt noen fluktmulighet.

But Buck stood firm and braced for the blow from Spitz.

Men Buck sto urokkelig og forberedte seg på slaget fra Spitz.

Then he turned and ran out onto the ice with the fleeing team.

Så snudde han seg og løp ut på isen med det flyktende teamet.

Later, the nine sled-dogs gathered in the shelter of the woods.

Senere samlet de ni sledehundene seg i ly av skogen.

No one chased them anymore, but they were battered and wounded.

Ingen jaget dem lenger, men de ble forslått og såret.

Each dog had wounds; four or five deep cuts on every body.

Hver hund hadde sår; fire eller fem dype kutt på hver kropp.

Dub had an injured hind leg and struggled to walk now.

Dub hadde et skadet bakbein og slet med å gå nå.

Dolly, the newest dog from Dyea, had a slashed throat.

Dolly, den nyeste hunden fra Dyea, hadde en overskåret hals.

Joe had lost an eye, and Billee's ear was cut to pieces

Joe hadde mistet et øye, og Billees øre var kuttet i stykker.

All the dogs cried in pain and defeat through the night.

Alle hundene gråt av smerte og nederlag gjennom natten.

At dawn they crept back to camp, sore and broken.

Ved daggry krøp de tilbake til leiren, støle og ødelagte.

The huskies had vanished, but the damage had been done.

Huskiene var forsvunnet, men skaden var skjedd.

Perrault and François stood in foul moods over the ruin.
Perrault og François sto i dårlig humør over ruinene.
Half of the food was gone, snatched by the hungry thieves.
Halvparten av maten var borte, stjålet av de sultne tyvene.
The huskies had torn through sled bindings and canvas.
Huskiene hadde revet seg gjennom sledebindinger og kalesje.
Anything with a smell of food had been devoured completely.
Alt som luktet av mat hadde blitt fullstendig fortært.
They ate a pair of Perrault's moose-hide traveling boots.
De spiste et par av Perraults reisestøvler av elgskinn.
They chewed leather reis and ruined straps beyond use.
De tygde på lærreiser og ødela stropper som ikke kunne brukes.
François stopped staring at the torn lash to check the dogs.
François sluttet å stirre på den avrevne vippen for å sjekke hundene.
"Ah, my friends," he said, his voice low and filled with worry.
«Å, mine venner», sa han med lav stemme og fylt av bekymring.
"Maybe all these bites will turn you into mad beasts."
«Kanskje alle disse bittene vil gjøre dere til gale beist.»
"Maybe all mad dogs, sacredam! What do you think, Perrault?"
«Kanskje alle gale hunder, hellige! Hva synes du, Perrault?»
Perrault shook his head, eyes dark with concern and fear.
Perrault ristet på hodet, øynene var mørke av bekymring og frykt.
Four hundred miles still lay between them and Dawson.
Fire hundre mil lå fortsatt mellom dem og Dawson.
Dog madness now could destroy any chance of survival.
Hundegalskapen nå kan ødelegge enhver sjanse for å overleve.
They spent two hours swearing and trying to fix the gear.
De brukte to timer på å banne og prøve å fikse utstyret.

The wounded team finally left the camp, broken and defeated.
Det sårede laget forlot endelig leiren, knust og beseiret.
This was the hardest trail yet, and each step was painful.
Dette var den vanskeligste løypa hittil, og hvert skritt var smertefullt.
The Thirty Mile River had not frozen, and was rushing wildly.
Thirty Mile-elven hadde ikke frosset til frosset, og fosser vilt.
Only in calm spots and swirling eddies did ice manage to hold.
Bare i rolige steder og virvlende strømvirvler klarte isen å holde seg.
Six days of hard labor passed until the thirty miles were done.
Seks dager med hardt arbeid gikk før de tretti milene var unnagjort.
Each mile of the trail brought danger and the threat of death.
Hver kilometer av stien medførte fare og trussel om død.
The men and dogs risked their lives with every painful step.
Mennene og hundene risikerte livet med hvert smertefulle skritt.
Perrault broke through thin ice bridges a dozen different times.
Perrault brøt gjennom tynne isbroer et dusin forskjellige ganger.
He carried a pole and let it fall across the hole his body made.
Han bar en stang og lot den falle over hullet kroppen hans laget.
More than once did that pole save Perrault from drowning.
Mer enn én gang reddet den stangen Perrault fra å drukne.
The cold snap held firm, the air was fifty degrees below zero.
Kuldeperioden holdt seg fast, luften var femti minusgrader.
Every time he fell in, Perrault had to light a fire to survive.
Hver gang han falt i, måtte Perrault tenne et bål for å overleve.

Wet clothing froze fast, so he dried them near blazing heat.
Våte klær frøs fort, så han tørket dem i nærheten av
brennende hete.
No fear ever touched Perrault, and that made him a courier.
Perrault var aldri fryktsom, og det gjorde ham til kurér.
He was chosen for danger, and he met it with quiet resolve.
Han ble valgt for fare, og han møtte den med stille
besluttsomhet.
He pressed forward into wind, his shriveled face frostbitten.
Han presset seg frem mot vinden, det innskrumpede ansiktet
hans forfrosset.
From faint dawn to nightfall, Perrault led them onward.
Fra svak daggry til nattesøvn ledet Perrault dem videre.
He walked on narrow rim ice that cracked with every step.
Han gikk på smal randis som sprakk for hvert skritt.
They dared not stop—each pause risked a deadly collapse.
De turte ikke stoppe – hver pause risikerte et dødelig kollaps.
One time the sled broke through, pulling Dave and Buck in.
En gang brøt sleden gjennom og dro Dave og Buck inn.
By the time they were dragged free, both were near frozen.
Da de ble dratt løs, var begge nesten forfrosne.
The men built a fire quickly to keep Buck and Dave alive.
Mennene tente raskt et bål for å holde Buck og Dave i live.
**The dogs were coated in ice from nose to tail, stiff as carved
wood.**
Hundene var dekket av is fra snute til hale, stive som utskåret
treverk.
**The men ran them in circles near the fire to thaw their
bodies.**
Mennene løp med dem i sirkler nær bålet for å tine kroppene
deres.
They came so close to the flames that their fur was singed.
De kom så nær flammene at pelsen deres ble svidd.
**Spitz broke through the ice next, dragging in the team
behind him.**
Deretter brøt Spitz gjennom isen og dro med seg spannet etter
seg.

The break reached all the way up to where Buck was pulling.

Bruddet nådde helt opp til der Buck dro.

Buck leaned back hard, paws slipping and trembling on the edge.

Buck lente seg hardt tilbake, potene skled og skalv på kanten.

Dave also strained backward, just behind Buck on the line.

Dave spente seg også bakover, rett bak Buck på linjen.

François hauled on the sled, his muscles cracking with effort.

François halte på sleden, musklene hans knaket av anstrengelse.

Another time, rim ice cracked before and behind the sled.

En annen gang sprakk randisen foran og bak sleden.

They had no way out except to climb a frozen cliff wall.

De hadde ingen annen utvei enn å klatre opp en frossen klippevegg.

Perrault somehow climbed the wall; a miracle kept him alive.

Perrault klatret på en eller annen måte opp veggen; et mirakel holdt ham i live.

François stayed below, praying for the same kind of luck.

François ble værende nedenfor og ba om den samme typen flaks.

They tied every strap, lashing, and trace into one long rope.

De bandt sammen hver stropp, surring og skinne til ett langt tau.

The men hauled each dog up, one at a time to the top.

Mennene halte hver hund opp, én om gangen, til toppen.

François climbed last, after the sled and the entire load.

François klatret sist, etter sleden og hele lasten.

Then began a long search for a path down from the cliffs.

Så startet en lang leting etter en sti ned fra klippene.

They finally descended using the same rope they had made.

De kom seg endelig ned med det samme tauet de hadde laget.

Night fell as they returned to the riverbed, exhausted and sore.

Natten falt på da de vendte tilbake til elveleiet, utmattede og støle.

They had taken a full day to cover only a quarter of a mile.

De hadde brukt en hel dag på å tilbakelegge bare en kvart mil.

By the time they reached the Hootalinqua, Buck was worn out.

Da de nådde Hootalinqua, var Buck utslitt.

The other dogs suffered just as badly from the trail conditions.

De andre hundene led like mye av forholdene på løypa.

But Perrault needed to recover time, and pushed them on each day.

Men Perrault trengte å hente seg inn tid, og presset dem på hver dag.

The first day they traveled thirty miles to Big Salmon.

Den første dagen reiste de tretti mil til Big Salmon.

The next day they travelled thirty-five miles to Little Salmon.

Neste dag reiste de 55 kilometer til Little Salmon.

On the third day they pushed through forty long frozen miles.

På den tredje dagen presset de seg gjennom førti lange, frosne mil.

By then, they were nearing the settlement of Five Fingers.

Da nærmet de seg bosetningen Five Fingers.

Buck's feet were softer than the hard feet of native huskies.

Bucks føtter var mykere enn de harde føttene til innfødte huskyer.

His paws had grown tender over many civilized generations.

Potene hans hadde blitt møre gjennom mange siviliserte generasjoner.

Long ago, his ancestors had been tamed by river men or hunters.

For lenge siden hadde forfedrene hans blitt temmet av elvemenn eller jegere.

Every day Buck limped in pain, walking on raw, aching paws.
Hver dag haltet Buck av smerter og gikk på såre, verkende poter.
At camp, Buck dropped like a lifeless form upon the snow.
I leiren falt Buck ned som en livløs skikkelse på snøen.
Though starving, Buck did not rise to eat his evening meal.
Selv om Buck var sulten, sto han ikke opp for å spise kveldsmåltidet.
François brought Buck his ration, laying fish by his muzzle.
François brakte Buck rasjonen sin og la fisk ved mulen hans.
Each night the driver rubbed Buck's feet for half an hour.
Hver natt gned sjåføren Bucks føtter i en halvtime.
François even cut up his own moccasins to make dog footwear.
François klippet til og med opp sine egne mokkasiner for å lage hundesko.
Four warm shoes gave Buck a great and welcome relief.
Fire varme sko ga Buck en stor og kjærkommen lettelse.
One morning, François forgot the shoes, and Buck refused to rise.
En morgen glemte François skoene, og Buck nektet å stå opp.
Buck lay on his back, feet in the air, waving them pitifully.
Buck lå på ryggen med føttene i været, og viftet ynkelig med dem.
Even Perrault grinned at the sight of Buck's dramatic plea.
Selv Perrault smilte bredt ved synet av Bucks dramatiske bønnfallelse.
Soon Buck's feet grew hard, and the shoes could be discarded.
Snart ble Bucks føtter harde, og skoene kunne kastes.
At Pelly, during harness time, Dolly let out a dreadful howl.
Ved Pelly, under seletiden, slapp Dolly ut et forferdelig hyl.
The cry was long and filled with madness, shaking every dog.
Ropet var langt og fylt av galskap, og rystet hver hund.
Each dog bristled in fear without knowing the reason.

Hver hund vred seg i frykt uten å vite årsaken.

Dolly had gone mad and hurled herself straight at Buck.

Dolly hadde blitt gal og kastet seg rett mot Buck.

Buck had never seen madness, but horror filled his heart.

Buck hadde aldri sett galskap, men redsel fylte hjertet hans.

With no thought, he turned and fled in absolute panic.

Uten å tenke seg om, snudde han seg og flyktet i full panikk.

Dolly chased him, her eyes wild, saliva flying from her jaws.

Dolly jaget ham, med ville øyne, og spytt som flydde fra kjevene hennes.

She kept right behind Buck, never gaining and never falling back.

Hun holdt seg rett bak Buck, uten å vinne inn og uten å falle tilbake.

Buck ran through woods, down the island, across jagged ice.

Buck løp gjennom skogen, nedover øya, over taggete is.

He crossed to an island, then another, circling back to the river.

Han krysset til en øy, deretter en annen, og gikk i sirkel tilbake til elven.

Still Dolly chased him, her growl close behind at every step.

Dolly jaget ham fortsatt, knurringen hennes tett bak henne ved hvert skritt.

Buck could hear her breath and rage, though he dared not look back.

Buck kunne høre pusten og raseriet hennes, selv om han ikke turte å se seg tilbake.

François shouted from afar, and Buck turned toward the voice.

François ropte langveisfra, og Buck snudde seg mot stemmen.

Still gasping for air, Buck ran past, placing all hope in François.

Fortsatt gispet etter luft løp Buck forbi og satte all sin lit til François.

The dog-driver raised an axe and waited as Buck flew past.

Hundeføreren hevet en øks og ventet mens Buck fløy forbi.

The axe came down fast and struck Dolly's head with deadly force.

Øksen falt raskt ned og traff Dollys hode med dødelig kraft.

Buck collapsed near the sled, wheezing and unable to move.

Buck kollapset nær sleden, hvesende i pusten og ute av stand til å røre seg.

That moment gave Spitz his chance to strike an exhausted foe.

Det øyeblikket ga Spitz sjansen til å angripe en utmattet fiende.

Twice he bit Buck, ripping flesh down to the white bone.

To ganger bet han Buck og rev kjøttet ned til det hvite beinet.

François's whip cracked, striking Spitz with full, furious force.

François' pisk sprakk og traff Spitz med full, voldsom kraft.

Buck watched with joy as Spitz received his harshest beating yet.

Buck så med glede på mens Spitz fikk sin hardeste juling hittil.

"He's a devil, that Spitz," Perrault muttered darkly to himself.

«Han er en djevel, den Spitzen», mumlet Perrault dystert for seg selv.

"Someday soon, that cursed dog will kill Buck—I swear it."

«En dag snart vil den forbannede hunden drepe Buck – jeg sverger på det.»

"That Buck has two devils in him," François replied with a nod.

«Den Buck har to djevler i seg», svarte François med et nikk.

"When I watch Buck, I know something fierce waits in him."

«Når jeg ser på Buck, vet jeg at noe voldsomt venter i ham.»

"One day, he'll get mad as fire and tear Spitz to pieces."

«En dag blir han gal som ild og river Spitz i stykker.»

"He'll chew that dog up and spit him on the frozen snow."

«Han kommer til å tygge på hunden og spytte ham på den frosne snøen.»

"Sure as anything, I know this deep in my bones."

«Javisst, jeg vet dette innerst inne.»

From that moment forward, the two dogs were locked in war.

Fra det øyeblikket og utover var de to hundene låst i en krig.

Spitz led the team and held power, but Buck challenged that.

Spitz ledet laget og hadde makten, men Buck utfordret det.

Spitz saw his rank threatened by this odd Southland stranger.

Spitz så sin rang truet av denne merkelige fremmede fra Sørlandet.

Buck was unlike any southern dog Spitz had known before.

Buck var ulik noen annen sørstatshund Spitz hadde kjent før.

Most of them failed—too weak to live through cold and hunger.

De fleste av dem mislyktes – for svake til å overleve kulde og sult.

They died fast under labor, frost, and the slow burn of famine.

De døde raskt under arbeid, frost og hungersnødens langsomme svirring.

Buck stood apart—stronger, smarter, and more savage each day.

Buck skilte seg ut – sterkere, smartere og villere for hver dag.

He thrived on hardship, growing to match the northern huskies.

Han trivdes med vanskeligheter og vokste opp til å matche de nordlige huskyene.

Buck had strength, wild skill, and a patient, deadly instinct.

Buck hadde styrke, vill dyktighet og et tålmodig, dødelig instinkt.

The man with the club had beaten rashness out of Buck.

Mannen med køllen hadde slått ut ubetenksomheten av Buck.

Blind fury was gone, replaced by quiet cunning and control.

Blind raseri var borte, erstattet av stille list og kontroll.

He waited, calm and primal, watching for the right moment.

Han ventet, rolig og primal, og ventet på det rette øyeblikket.

Their fight for command became unavoidable and clear.

Kampen deres om kommandoen ble uunngåelig og tydelig.

Buck desired leadership because his spirit demanded it.

Buck ønsket lederskap fordi hans ånd krevde det.

He was driven by the strange pride born of trail and harness.

Han ble drevet av den merkelige stoltheten født av sti og seletøy.

That pride made dogs pull till they collapsed on the snow.

Den stoltheten fikk hunder til å dra til de kollapset i snøen.

Pride lured them into giving all the strength they had.

Stolthet lokket dem til å gi all den styrken de hadde.

Pride can lure a sled-dog even to the point of death.

Stolthet kan lokke en sledehund til og med døden.

Losing the harness left dogs broken and without purpose.

Å miste selen gjorde at hundene ble ødelagte og uten mening.

The heart of a sled-dog can be crushed by shame when they retire.

En sledehunds hjerte kan bli knust av skam når den pensjonerer seg.

Dave lived by that pride as he dragged the sled from behind.

Dave levde av den stoltheten mens han dro sleden bakfra.

Solleks, too, gave his all with grim strength and loyalty.

Solleks ga også alt med dyster styrke og lojalitet.

Each morning, pride turned them from bitter to determined.

Hver morgen forvandlet stoltheten dem fra bitre til besluttsomme.

They pushed all day, then dropped silent at the camp's end.

De presset på hele dagen, før de ble stille ved enden av leiren.

That pride gave Spitz the strength to beat shirkers into line.

Den stoltheten ga Spitz styrken til å komme før sherkers inn i rekken.

Spitz feared Buck because Buck carried that same deep pride.

Spitz fryktet Buck fordi Buck bar den samme dype stoltheten.

Buck's pride now stirred against Spitz, and he did not stop.

Bucks stolthet rørte seg nå mot Spitz, og han stoppet ikke.

Buck defied Spitz's power and blocked him from punishing dogs.

Buck trosset Spitz' makt og hindret ham i å straffe hunder.

When others failed, Buck stepped between them and their leader.

Da andre mislyktes, stilte Buck seg mellom dem og lederen deres.

He did this with intent, making his challenge open and clear.

Han gjorde dette med hensikt, og gjorde utfordringen sin åpen og tydelig.

On one night heavy snow blanketed the world in deep silence.

En natt la tung snøfall dyp stillhet over verden.

The next morning, Pike, lazy as ever, did not rise for work.

Neste morgen sto ikke Pike opp for å gå på jobb, lat som alltid.

He stayed hidden in his nest beneath a thick layer of snow.

Han holdt seg gjemt i reiret sitt under et tykt lag med snø.

François called out and searched, but could not find the dog.

François ropte og lette, men fant ikke hunden.

Spitz grew furious and stormed through the snow-covered camp.

Spitz ble rasende og stormet gjennom den snødekte leiren.

He growled and sniffed, digging madly with blazing eyes.

Han knurret og snufset, og gravde som vanvittig med flammende øyne.

His rage was so fierce that Pike shook under the snow in fear.

Raseriet hans var så voldsomt at Pike skalv under snøen av frykt.

When Pike was finally found, Spitz lunged to punish the hiding dog.

Da Pike endelig ble funnet, kastet Spitz seg ut for å straffe hunden som hadde gjemt seg.

But Buck sprang between them with a fury equal to Spitz's own.

Men Buck sprang mellom dem med et raseri likt Spitz' eget.

The attack was so sudden and clever that Spitz fell off his feet.

Angrepet var så plutselig og smart at Spitz falt av beina.
Pike, who had been shaking, took courage from this defiance.
Pike, som hadde skjelvet, tok mot til seg etter denne trassen.
He leapt on the fallen Spitz, following Buck's bold example.
Han hoppet på den falne Spitzen, og fulgte Bucks dristige eksempel.
Buck, no longer bound by fairness, joined the strike on Spitz.
Buck, ikke lenger bundet av rettferdighet, sluttet seg til streiken på Spitz.
François, amused yet firm in discipline, swung his heavy lash.
François, underholdt, men likevel disiplinert, svingte sin tunge piskeslag.
He struck Buck with all his strength to break up the fight.
Han slo Buck med all sin kraft for å avbryte kampen.
Buck refused to move and stayed atop the fallen leader.
Buck nektet å røre seg og ble værende oppå den falne lederen.
François then used the whip's handle, hitting Buck hard.
François brukte deretter piskens håndtak og slo Buck hardt.
Staggering from the blow, Buck fell back under the assault.
Buck sjanglet etter slaget og falt bakover under angrepet.
François struck again and again while Spitz punished Pike.
François slo til igjen og igjen mens Spitz straffet Pike.

Days passed, and Dawson City grew nearer and nearer.
Dagene gikk, og Dawson City kom nærmere og nærmere.
Buck kept interfering, slipping between Spitz and other dogs.
Buck fortsatte å blande seg inn og gled mellom Spitz og de andre hundene.
He chose his moments well, always waiting for François to leave.
Han valgte øyeblikkene sine med omhu, og ventet alltid på at François skulle dra.

Buck's quiet rebellion spread, and disorder took root in the team.

Bucks stille opprør spredte seg, og uorden slo rot i laget.

Dave and Solleks stayed loyal, but others grew unruly.

Dave og Solleks forble lojale, men andre ble uregjerlige.

The team grew worse—restless, quarrelsome, and out of line.

Laget ble verre – rastløst, kranglete og ute av spill.

Nothing worked smoothly anymore, and fights became common.

Ingenting fungerte knirkefritt lenger, og slåsskamper ble vanlige.

Buck stayed at the heart of the trouble, always provoking unrest.

Buck forble i kjernen av uroen og provoserte alltid frem uro.

François stayed alert, afraid of the fight between Buck and Spitz.

François forble våken, redd for kampen mellom Buck og Spitz.

Each night, scuffles woke him, fearing the beginning finally arrived.

Hver natt vekket han håndgemyr, i frykt for at begynnelsen endelig var kommet.

He leapt from his robe, ready to break up the fight.

Han sprang av kappen sin, klar til å avbryte kampen.

But the moment never came, and they reached Dawson at last.

Men øyeblikket kom aldri, og de nådde endelig Dawson.

The team entered the town one bleak afternoon, tense and quiet.

Teamet kom inn i byen en trist ettermiddag, anspent og stille.

The great battle for leadership still hung in the frozen air.

Den store kampen om lederskapet hang fortsatt i den frosne luften.

Dawson was full of men and sled-dogs, all busy with work.

Dawson var full av menn og sledehunder, alle travelt opptatt med arbeid.

Buck watched the dogs pull loads from morning until night.

Buck så på hundene mens de dro lass fra morgen til kveld.
They hauled logs and firewood, freighted supplies to the mines.
De fraktet tømmer og ved, og fraktet forsyninger til gruvene.
Where horses once worked in the Southland, dogs now labored.
Der hester en gang arbeidet i Sørlandet, arbeidet nå hunder.
Buck saw some dogs from the South, but most were wolf-like huskies.
Buck så noen hunder fra sør, men de fleste var ulvelignende huskyer.
At night, like clockwork, the dogs raised their voices in song.
Om natten, som et urverk, hevet hundene stemmene sine i sang.
At nine, at midnight, and again at three, the singing began.
Klokken ni, ved midnatt og igjen klokken tre begynte allsangen.
Buck loved joining their eerie chant, wild and ancient in sound.
Buck elsket å bli med på den uhyggelige sangen deres, vill og eldgammel i klang.
The aurora flamed, stars danced, and snow blanketed the land.
Nordlyset flammet, stjernene danset, og snø dekket landet.
The dogs' song rose as a cry against silence and bitter cold.
Hundesangen steg som et rop mot stillhet og bitende kulde.
But their howl held sorrow, not defiance, in every long note.
Men ulingen deres inneholdt sorg, ikke trass, i hver lange tone.
Each wailing cry was full of pleading; the burden of life itself.
Hvert klagende rop var fullt av bønnfallelse; selve livets byrde.
That song was old—older than towns, and older than fires
Den sangen var gammel – eldre enn byer, og eldre enn branner

That song was more ancient even than the voices of men.
Den sangen var eldre enn menneskestemmer.
It was a song from the young world, when all songs were sad.
Det var en sang fra den unge verden, da alle sanger var triste.
The song carried sorrow from countless generations of dogs.
Sangen bar med seg sorg fra utallige generasjoner av hunder.
Buck felt the melody deeply, moaning from pain rooted in the ages.
Buck kjente melodien dypt, stønnet av smerte forankret i tiden.
He sobbed from a grief as old as the wild blood in his veins.
Han hulket av en sorg like gammel som det ville blodet i årene hans.
The cold, the dark, and the mystery touched Buck's soul.
Kulden, mørket og mystikken berørte Bucks sjel.
That song proved how far Buck had returned to his origins.
Den sangen beviste hvor langt Buck hadde vendt tilbake til sine opprinnelser.
Through snow and howling he had found the start of his own life.
Gjennom snø og hyl hadde han funnet starten på sitt eget liv.

Seven days after arriving in Dawson, they set off once again.
Syv dager etter ankomsten til Dawson dro de av gårde igjen.
The team dropped from the Barracks down to the Yukon Trail.
Laget dro fra brakkene ned til Yukon Trail.
They began the journey back toward Dyea and Salt Water.
De begynte reisen tilbake mot Dyea og Salt Water.
Perrault carried dispatches even more urgent than before.
Perrault hadde med seg meldinger som var enda mer presserende enn før.
He was also seized by trail pride and aimed to set a record.
Han ble også grepet av løypestolthet og siktet mot å sette rekord.
This time, several advantages were on Perrault's side.

Denne gangen var flere fordeler på Perraults side.

The dogs had rested for a full week and regained their strength.

Hundene hadde hvilt i en hel uke og gjenvunnet kreftene.

The trail they had broken was now hard-packed by others.

Sporet de hadde brutt var nå hardt pakket av andre.

In places, police had stored food for dogs and men alike.

Noen steder hadde politiet lagret mat til både hunder og menn.

Perrault traveled light, moving fast with little to weigh him down.

Perrault reiste lett, beveget seg raskt med lite som tynget ham ned.

They reached Sixty-Mile, a fifty-mile run, by the first night.

De nådde Sixty-Mile, en løpetur på åtte kilometer, allerede den første natten.

On the second day, they rushed up the Yukon toward Pelly.

Den andre dagen stormet de opp Yukon mot Pelly.

But such fine progress came with much strain for François.

Men slike fine fremskritt kom med store belastninger for François.

Buck's quiet rebellion had shattered the team's discipline.

Bucks stille opprør hadde knust lagets disiplin.

They no longer pulled together like one beast in the reins.

De trakk ikke lenger sammen som ett dyr i tømmene.

Buck had led others into defiance through his bold example.

Buck hadde ledet andre til trass gjennom sitt modige eksempel.

Spitz's command was no longer met with fear or respect.

Spitz' kommando ble ikke lenger møtt med frykt eller respekt.

The others lost their awe of him and dared to resist his rule.

De andre mistet ærefrykten for ham og turte å motstå hans styre.

One night, Pike stole half a fish and ate it under Buck's eye.

En natt stjal Pike en halv fisk og spiste den rett foran Bucks øyne.

Another night, Dub and Joe fought Spitz and went unpunished.

En annen natt kjempet Dub og Joe mot Spitz og gikk ustraffet.

Even Billee whined less sweetly and showed new sharpness.

Selv Billee klynket mindre søtt og viste ny skarphet.

Buck snarled at Spitz every time they crossed paths.

Buck glefset til Spitz hver gang de krysset veier.

Buck's attitude grew bold and threatening, nearly like a bully.

Bucks holdning ble dristig og truende, nesten som en bølle.

He paced before Spitz with a swagger, full of mocking menace.

Han gikk frem og tilbake foran Spitz med en bravur, full av hånlig trussel.

That collapse of order also spread among the sled-dogs.

Det ordensbruddet spredte seg også blant sledehundene.

They fought and argued more than ever, filling camp with noise.

De sloss og kranglet mer enn noensinne, og fylte leiren med støy.

Camp life turned into a wild, howling chaos each night.

Leirlivet forvandlet seg til et vilt, hylende kaos hver natt.

Only Dave and Solleks remained steady and focused.

Bare Dave og Solleks forble stødige og fokuserte.

But even they became short-tempered from the constant brawls.

Men selv de ble kort lunte av de konstante slåsskampene.

François cursed in strange tongues and stomped in frustration.

François bannet på fremmede språk og trampet i frustrasjon.

He tore at his hair and shouted while snow flew underfoot.

Han rev seg i håret og ropte mens snøen fløy under føttene.

His whip snapped across the pack but barely kept them in line.

Pisken hans smell over flokken, men holdt dem så vidt på linje.

Whenever his back was turned, the fighting broke out again.

Hver gang han ble vendt ryggen til, brøt kampene ut igjen.

François used the lash for Spitz, while Buck led the rebels.

François brukte piskeslaget for Spitz, mens Buck ledet opprørerne.

Each knew the other's role, but Buck avoided any blame.

Begge visste hva den andres rolle var, men Buck unngikk enhver skyld.

François never caught Buck starting a fight or shirking his job.

François tok aldri Buck på fersken i å starte en slåsskamp eller unnlate jobben sin.

Buck worked hard in harness — the toil now thrilled his spirit.

Buck jobbet hardt i seletøy – slitet begeistret nå humøret hans.

But he found even more joy in stirring fights and chaos in camp.

Men han fant enda større glede i å skape slåsskamper og kaos i leiren.

At the Tahkeena's mouth one evening, Dub startled a rabbit.

En kveld ved Tahkeenas munn skremte Dub en kanin.

He missed the catch, and the snowshoe rabbit sprang away.

Han bommet på fangsten, og trugekaninen sprang av gårde.

In seconds, the entire sled team gave chase with wild cries.

I løpet av sekunder satte hele sledeteamet i gang jakten med ville rop.

Nearby, a Northwest Police camp housed fifty husky dogs.

I nærheten huset en politileir for det nordvestlige politiet femti huskyhunder.

They joined the hunt, surging down the frozen river together.

De ble med på jakten, og strømmet nedover den frosne elven sammen.

The rabbit turned off the river, fleeing up a frozen creek bed.

Kaninen svingte av elven og flyktet opp et frossent bekkeleie.

The rabbit skipped lightly over snow while the dogs struggled through.

Kaninen hoppet lett over snøen mens hundene kjempet seg gjennom.

Buck led the massive pack of sixty dogs around each twisting bend.

Buck ledet den enorme flokken på seksti hunder rundt hver sving.

He pushed forward, low and eager, but could not gain ground.

Han presset seg fremover, lavt og ivrig, men klarte ikke å vinne terreng.

His body flashed under the pale moon with each powerful leap.

Kroppen hans glimtet under den bleke månen for hvert kraftige sprang.

Ahead, the rabbit moved like a ghost, silent and too fast to catch.

Foran beveget kaninen seg som et spøkelse, stille og for rask til å fange den igjen.

All those old instincts—the hunger, the thrill—rushed through Buck.

Alle de gamle instinktene – sulten, spenningen – strømmet gjennom Buck.

Humans feel this instinct at times, driven to hunt with gun and bullet.

Mennesker føler dette instinktet til tider, drevet til å jakte med gevær og kule.

But Buck felt this feeling on a deeper and more personal level.

Men Buck følte denne følelsen på et dypere og mer personlig nivå.

They could not feel the wild in their blood the way Buck could feel it.

De kunne ikke føle villmarken i blodet sitt slik Buck kunne føle den.

He chased living meat, ready to kill with his teeth and taste blood.
Han jaget levende kjøtt, klar til å drepe med tennene og smake blod.

His body strained with joy, wanting to bathe in warm red life.
Kroppen hans anstrengte seg av glede, og ville bade i varmt, rødt liv.

A strange joy marks the highest point life can ever reach.
En merkelig glede markerer det høyeste punktet livet noen gang kan nå.

The feeling of a peak where the living forget they are even alive.
Følelsen av en topp der de levende glemmer at de i det hele tatt lever.

This deep joy touches the artist lost in blazing inspiration.
Denne dype gleden berører kunstneren som er fortapt i flammende inspirasjon.

This joy seizes the soldier who fights wildly and spares no foe.
Denne gleden griper soldaten som kjemper vilt og ikke skåner noen fiende.

This joy now claimed Buck as he led the pack in primal hunger.
Denne gleden krevde nå Buck idet han ledet flokken i ursult.

He howled with the ancient wolf-cry, thrilled by the living chase.
Han hylte med det eldgamle ulveskriket, begeistret av den levende jakten.

Buck tapped into the oldest part of himself, lost in the wild.
Buck tappet inn i den eldste delen av seg selv, fortapt i naturen.

He reached deep within, past memory, into raw, ancient time.
Han nådde dypt inn i sitt indre, i tidligere minner, inn i rå, eldgammel tid.

A wave of pure life surged through every muscle and tendon.

En bølge av rent liv strømmet gjennom hver muskel og sene.

Each leap shouted that he lived, that he moved through death.

Hvert sprang ropte at han levde, at han beveget seg gjennom døden.

His body soared joyfully over still, cold land that never stirred.

Kroppen hans svevde gledesfylt over stille, kaldt land som aldri rørte seg.

Spitz stayed cold and cunning, even in his wildest moments.

Spitz forble kald og utspekulert, selv i sine villeste øyeblikk.

He left the trail and crossed land where the creek curved wide.

Han forlot stien og krysset land der bekken svingte bredt.

Buck, unaware of this, stayed on the rabbit's winding path.

Buck, uvitende om dette, holdt seg på kaninens svingete sti.

Then, as Buck rounded a bend, the ghost-like rabbit was before him.

Så, idet Buck rundet en sving, var den spøkelseslignende kaninen foran ham.

He saw a second figure leap from the bank ahead of the prey.

Han så en annen skikkelse hoppe fra bredden foran byttet.

The figure was Spitz, landing right in the path of the fleeing rabbit.

Skikkelsen var Spitz, som landet rett i veien for den flyktende kaninen.

The rabbit could not turn and met Spitz's jaws in mid-air.

Kaninen kunne ikke snu seg og møtte Spitz' kjever i luften.

The rabbit's spine broke with a shriek as sharp as a dying human's cry.

Kaninens ryggrad brakk med et skrik like skarpt som et døende menneskes skrik.

At that sound—the fall from life to death—the pack howled loud.

Ved den lyden – fallet fra liv til død – hylte flokken høyt.

A savage chorus rose from behind Buck, full of dark delight.

Et vilt kor steg opp bak Buck, fullt av mørk glede.

Buck gave no cry, no sound, and charged straight into Spitz.

Buck skrek ikke, ingen lyd, og stormet rett inn i Spitz.

He aimed for the throat, but struck the shoulder instead.

Han siktet mot strupen, men traff skulderen i stedet.

They tumbled through soft snow; their bodies locked in combat.

De tumlet gjennom myk snø; kroppene deres var låst i kamp.

Spitz sprang up quickly, as if never knocked down at all.

Spitz spratt raskt opp, som om han aldri var blitt slått ned.

He slashed Buck's shoulder, then leaped clear of the fight.

Han skar Buck i skulderen, og sprang deretter unna kampen.

Twice his teeth snapped like steel traps, lips curled and fierce.

To ganger knakk tennene hans som stålfeller, leppene krøllet seg sammen og var vilde.

He backed away slowly, seeking firm ground under his feet.

Han rygget sakte unna og lette etter fast grunn under føttene.

Buck understood the moment instantly and fully.

Buck forsto øyeblikket umiddelbart og fullt ut.

The time had come; the fight was going to be a fight to the death.

Tiden var inne; kampen skulle bli en kamp til døden.

The two dogs circled, growling, ears flat, eyes narrowed.

De to hundene gikk i sirkler, knurrende, med flate ører og smale øyne.

Each dog waited for the other to show weakness or misstep.

Hver hund ventet på at den andre skulle vise svakhet eller feiltrinn.

To Buck, the scene felt eerily known and deeply remembered.

For Buck føltes scenen uhyggelig kjent og dypt husket.

The white woods, the cold earth, the battle under moonlight.

De hvite skogene, den kalde jorden, kampen under måneskinnet.

A heavy silence filled the land, deep and unnatural.
En tung stillhet fylte landet, dyp og unaturlig.
No wind stirred, no leaf moved, no sound broke the stillness.
Ingen vind rørte seg, intet blad beveget seg, ingen lyd brøt stillheten.
The dogs' breaths rose like smoke in the frozen, quiet air.
Hundenes pust steg opp som røyk i den frosne, stille luften.
The rabbit was long forgotten by the pack of wild beasts.
Kaninen var for lengst glemt av flokken med ville dyr.
These half-tamed wolves now stood still in a wide circle.
Disse halvtemmede ulvene sto nå stille i en vid sirkel.
They were quiet, only their glowing eyes revealed their hunger.
De var stille, bare de glødende øynene deres avslørte sulten.
Their breath drifted upward, watching the final fight begin.
Pusten deres steg, mens de så den siste kampen begynne.
To Buck, this battle was old and expected, not strange at all.
For Buck var dette slaget gammelt og forventet, slett ikke merkelig.
It felt like a memory of something always meant to happen.
Det føltes som et minne om noe som alltid var ment å skje.
Spitz was a trained fighting dog, honed by countless wild brawls.
Spitz var en trent kamphund, finslipt av utallige ville slåsskamper.
From Spitzbergen to Canada, he had mastered many foes.
Fra Spitsbergen til Canada hadde han mestret mange fiender.
He was filled with fury, but never gave control to rage.
Han var fylt av raseri, men ga aldri kontroll over raseriet.
His passion was sharp, but always tempered by hard instinct.
Lidenskapen hans var skarp, men alltid dempet av hardt instinkt.
He never attacked until his own defense was in place.
Han angrep aldri før hans eget forsvar var på plass.
Buck tried again and again to reach Spitz's vulnerable neck.

Buck prøvde igjen og igjen å nå Spitz' sårbare nakke.

But every strike was met by a slash from Spitz's sharp teeth.

Men hvert slag ble møtt av et hugg fra Spitz' skarpe tenner.

Their fangs clashed, and both dogs bled from torn lips.

Hoggtennene deres brøt sammen, og begge hundene blødde fra avrevne lepper.

No matter how Buck lunged, he couldn't break the defense.

Uansett hvor mye Buck kastet seg frem, klarte han ikke å bryte gjennom forsvaret.

He grew more furious, rushing in with wild bursts of power.

Han ble mer rasende og stormet inn med ville maktutbrudd.

Again and again, Buck struck for the white throat of Spitz.

Igjen og igjen slo Buck etter Spitz' hvite strupe.

Each time Spitz evaded and struck back with a slicing bite.

Hver gang unngikk Spitz og slo tilbake med et skjærende bitt.

Then Buck shifted tactics, rushing as if for the throat again.

Så endret Buck taktikk og løp som om han ville strupe den igjen.

But he pulled back mid-attack, turning to strike from the side.

Men han trakk seg tilbake midt i angrepet og snudde seg for å angripe fra siden.

He threw his shoulder into Spitz, aiming to knock him down.

Han kastet skulderen inn i Spitz i sikte på å slå ham ned.

Each time he tried, Spitz dodged and countered with a slash.

Hver gang han prøvde, unngikk Spitz og kontret med et hugg.

Buck's shoulder grew raw as Spitz leapt clear after every hit.

Bucks skulder ble sår da Spitz hoppet unna etter hvert treff.

Spitz had not been touched, while Buck bled from many wounds.

Spitz hadde ikke blitt rørt, mens Buck blødde fra mange sår.

Buck's breath came fast and heavy, his body slick with blood.

Bucks pust kom raskt og tungt, kroppen hans glatt av blod.

The fight turned more brutal with each bite and charge.

Kampen ble mer brutal for hvert bitt og angrep.

Around them, sixty silent dogs waited for the first to fall.
Rundt dem ventet seksti stille hunder på at de første skulle falle.
If one dog dropped, the pack were going to finish the fight.
Hvis én hund falt, ville flokken avslutte kampen.
Spitz saw Buck weakening, and began to press the attack.
Spitz så at Buck svekkes, og begynte å presse på.
He kept Buck off balance, forcing him to fight for footing.
Han holdt Buck ut av balanse, og tvang ham til å kjempe for å få fotfeste.
Once Buck stumbled and fell, and all the dogs rose up.
En gang snublet Buck og falt, og alle hundene reiste seg opp.
But Buck righted himself mid-fall, and everyone sank back down.
Men Buck rettet seg opp midt i fallet, og alle sank ned igjen.
Buck had something rare—imagination born from deep instinct.
Buck hadde noe sjeldent – fantasi født av dype instinkter.
He fought by natural drive, but he also fought with cunning.
Han kjempet av naturlig drivkraft, men han kjempet også med list.
He charged again as if repeating his shoulder attack trick.
Han stormet igjen som om han gjentok skulderangrepstrikset sitt.
But at the last second, he dropped low and swept beneath Spitz.
Men i siste sekund falt han lavt og feide under Spitz.
His teeth locked on Spitz's front left leg with a snap.
Tennene hans låste seg fast på Spitz' venstre forbein med et smell.
Spitz now stood unsteady, his weight on only three legs.
Spitz sto nå ustø, med vekten sin på bare tre bein.
Buck struck again, tried three times to bring him down.
Buck slo til igjen og prøvde tre ganger å felle ham.
On the fourth attempt he used the same move with success
På fjerde forsøk brukte han samme bevegelse med hell
This time Buck managed to bite the right leg of Spitz.

Denne gangen klarte Buck å bite Spitz i høyrebeinet.

Spitz, though crippled and in agony, kept struggling to survive.

Spitz, selv om han var forkrøplet og i smerte, fortsatte å kjempe for å overleve.

He saw the circle of huskies tighten, tongues out, eyes glowing.

Han så sirkelen av huskyer tette seg sammen, med tunger ute og øyne som glødet.

They waited to devour him, just as they had done to others.

De ventet på å sluke ham, akkurat som de hadde gjort med andre.

This time, he stood in the center; defeated and doomed.

Denne gangen sto han i sentrum; beseiret og dømt.

There was no option to escape for the white dog now.

Den hvite hunden hadde ingen mulighet til å flykte nå.

Buck showed no mercy, for mercy did not belong in the wild.

Buck viste ingen nåde, for nåde hørte ikke hjemme i villmarken.

Buck moved carefully, setting up for the final charge.

Buck beveget seg forsiktig og gjorde seg klar til det siste angrepet.

The circle of huskies closed in; he felt their warm breaths.

Sirkelen av huskyer lukket seg om hverandre; han kjente de varme pustene deres.

They crouched low, prepared to spring when the moment came.

De bøyde seg ned, klare til å sprette når øyeblikket kom.

Spitz quivered in the snow, snarling and shifting his stance.

Spitz skalv i snøen, knurret og endret stilling.

His eyes glared, lips curled, teeth flashing in desperate threat.

Øynene hans strålte, leppene hans krøllet seg sammen, tennene glitret i desperat trussel.

He staggered, still trying to hold off the cold bite of death.

Han sjanglet, fortsatt i et forsøk på å holde dødens kalde bitt tilbake.

He had seen this before, but always from the winning side.

Han hadde sett dette før, men alltid fra vinnersiden.

Now he was on the losing side; the defeated; the prey; death.

Nå var han på den tapende siden; den beseirede; byttet; døden.

Buck circled for the final blow, the ring of dogs pressed closer.

Buck sirklet for å gi det siste slaget, hunderingen presset seg tettere.

He could feel their hot breaths; ready for the kill.

Han kunne føle de varme pustene deres; klare til å bli drept.

A stillness fell; all was in its place; time had stopped.

Det ble stillt; alt var på sin plass; tiden hadde stoppet.

Even the cold air between them froze for one last moment.

Selv den kalde luften mellom dem frøs til et siste øyeblikk.

Only Spitz moved, trying to hold off his bitter end.

Bare Spitz rørte seg og prøvde å holde den bitre enden tilbake.

The circle of dogs was closing in around him, as was his destiny.

Sirkelen av hunder lukket seg rundt ham, i likhet med hans skjebne.

He was desperate now, knowing what was about to happen.

Han var desperat nå, vel vitende om hva som skulle skje.

Buck sprang in, shoulder met shoulder one last time.

Buck sprang inn, skulder møtte skulder en siste gang.

The dogs surged forward, covering Spitz in the snowy dark.

Hundene stormet fremover og dekket Spitz i det snødekte mørket.

Buck watched, standing tall; the victor in a savage world.

Buck så på, stående rakrygget; seierherren i en vill verden.

The dominant primordial beast had made its kill, and it was good.

Det dominerende urbeistet hadde gjort sitt bytte, og det var bra.

He, Who Has Won to Mastership
Han som har vunnet mesterskapet

"Eh? What did I say? I speak true when I say Buck is a devil."

«Eh? Hva sa jeg? Jeg snakker sant når jeg sier at Buck er en djevel.»

François said this the next morning after finding Spitz missing.

François sa dette neste morgen etter at han fant Spitz savnet.

Buck stood there, covered with wounds from the vicious fight.

Buck sto der, dekket av sår etter den voldsomme kampen.

François pulled Buck near the fire and pointed at the injuries.

François dro Buck bort til bålet og pekte på skadene.

"That Spitz fought like the Devik," said Perrault, eyeing the deep gashes.

«Den Spitzen kjempet som Deviken,» sa Perrault, mens han kikket på de dype sårene.

"And that Buck fought like two devils," François replied at once.

«Og at Buck kjempet som to djevler,» svarte François med en gang.

"Now we will make good time; no more Spitz, no more trouble."

«Nå skal vi ha det bra; ikke mer Spitz, ikke mer bråk.»

Perrault was packing the gear and loaded the sled with care.

Perrault pakket utstyret og lastet sleden med forsiktighet.

François harnessed the dogs in preparation for the day's run.

François selet hundene som forberedelse til dagens løpetur.

Buck trotted straight to the lead position once held by Spitz.

Buck travet rett til lederposisjonen som en gang var Spitz.

But François, not noticing, led Solleks forward to the front.

Men François, som ikke la merke til det, ledet Solleks frem til fronten.

In François's judgment, Solleks was now the best lead-dog.

Etter François' vurdering var Solleks nå den beste ledehunden.

Buck sprang at Solleks in fury and drove him back in protest.

Buck sprang mot Solleks i raseri og drev ham tilbake i protest.

He stood where Spitz once had stood, claiming the lead position.

Han sto der Spitz en gang hadde stått, og gjorde krav på lederposisjonen.

"Eh? Eh?" cried François, slapping his thighs in amusement.

«Eh? Eh?» ropte François og slo seg muntert på lårene.

"Look at Buck—he killed Spitz, now he wants to take the job!"

«Se på Buck – han drepte Spitz, nå vil han ta jobben!»

"Go away, Chook!" he shouted, trying to drive Buck away.

«Gå vekk, Chook!» ropte han og prøvde å jage Buck vekk.

But Buck refused to move and stood firm in the snow.

Men Buck nektet å røre seg og sto stødig i snøen.

François grabbed Buck by the scruff, dragging him aside.

François grep tak i Bucks skinnekrage og dro ham til side.

Buck growled low and threateningly but did not attack.

Buck knurret lavt og truende, men angrep ikke.

François put Solleks back in the lead, trying to settle the dispute

François satte Solleks tilbake i ledelsen og prøvde å bilegge tvisten

The old dog showed fear of Buck and didn't want to stay.

Den gamle hunden viste frykt for Buck og ville ikke bli.

When François turned his back, Buck drove Solleks out again.

Da François snudde ryggen til, drev Buck Solleks ut igjen.

Solleks did not resist and quietly stepped aside once more.

Solleks gjorde ikke motstand og trakk seg stille til side nok en gang.

François grew angry and shouted, "By God, I fix you!"

François ble sint og ropte: «Ved Gud, jeg reparerer deg!»

He came toward Buck holding a heavy club in his hand.

Han kom mot Buck med en tung kølle i hånden.

Buck remembered the man in the red sweater well.
Buck husket mannen i den røde genseren godt.
He retreated slowly, watching François, but growling deeply.
Han trakk seg sakte tilbake, mens han så på François, men knurret dypt.
He did not rush back, even when Solleks stood in his place.
Han skyndte seg ikke tilbake, selv ikke da Solleks sto på plassen hans.
Buck circled just beyond reach, snarling in fury and protest.
Buck sirklet like utenfor rekkevidde, glefset rasende og protesterende.
He kept his eyes on the club, ready to dodge if François threw.
Han holdt blikket festet på køllen, klar til å dukke unna hvis François kastet.
He had grown wise and wary in the ways of men with weapons.
Han hadde blitt klok og forsiktig når det gjaldt menn med våpen.
François gave up and called Buck to his former place again.
François ga opp og kalte Buck tilbake til sitt tidligere sted.
But Buck stepped back cautiously, refusing to obey the order.
Men Buck trakk seg forsiktig tilbake og nektet å adlyde ordren.
François followed, but Buck only retreated a few steps more.
François fulgte etter, men Buck trakk seg bare noen få skritt tilbake.
After some time, François threw the weapon down in frustration.
Etter en stund kastet François våpenet ned i frustrasjon.
He thought Buck feared a beating and was going to come quietly.
Han trodde Buck fryktet å bli slått og kom til å komme stille.
But Buck wasn't avoiding punishment—he was fighting for rank.

Men Buck unngikk ikke straff – han kjempet for rang.

He had earned the lead-dog spot through a fight to the death

Han hadde fortjent lederhundplassen gjennom en kamp på liv og død

he was not going to settle for anything less than being the leader.

Han ville ikke nøye seg med noe mindre enn å være leder.

Perrault took a hand in the chase to help catch the rebellious Buck.

Perrault tok en hånd med i jakten for å hjelpe til med å fange den opprørske Buck.

Together, they ran him around the camp for nearly an hour.

Sammen løp de ham rundt i leiren i nesten en time.

They hurled clubs at him, but Buck dodged each one skillfully.

De kastet køller mot ham, men Buck unngikk hver enkelt dyktig.

They cursed him, his ancestors, his descendants, and every hair on him.

De forbannet ham og hans forfedre og hans etterkommere og hvert hårstrå på ham.

But Buck only snarled back and stayed just out of their reach.

Men Buck bare knurret tilbake og holdt seg like utenfor deres rekkevidde.

He never tried to run away but circled the camp deliberately.

Han prøvde aldri å løpe vekk, men gikk med vilje rundt leiren.

He made it clear he was going to obey once they gave him what he wanted.

Han gjorde det klart at han kom til å adlyde når de ga ham det han ville ha.

François finally sat down and scratched his head in frustration.

François satte seg endelig ned og klødde seg i hodet i frustrasjon.

Perrault checked his watch, swore, and muttered about lost time.

Perrault sjekket klokken sin, bannet og mumlet om tapt tid.

An hour had already passed when they should have been on the trail.

Det hadde allerede gått en time da de skulle ha vært på stien.

François shrugged sheepishly at the courier, who sighed in defeat.

François trakk beskjedent på skuldrene mot kureren, som sukket nederlagsfullt.

Then François walked to Solleks and called out to Buck once more.

Så gikk François bort til Solleks og ropte på Buck en gang til.

Buck laughed like a dog laughs, but kept his cautious distance.

Buck lo som en hund ler, men holdt forsiktig avstand.

François removed Solleks's harness and returned him to his spot.

François tok av Solleks sele og satte ham tilbake på plassen sin.

The sled team stood fully harnessed, with only one spot unfilled.

Akespannet sto fullt utspent, med bare én ledig plass.

The lead position remained empty, clearly meant for Buck alone.

Lederposisjonen forble tom, tydeligvis ment for Buck alene.

François called again, and again Buck laughed and held his ground.

François ropte igjen, og igjen lo Buck og holdt stand.

"Throw down the club," Perrault ordered without hesitation.

«Kast ned køllen», beordret Perrault uten å nøle.

François obeyed, and Buck immediately trotted forward proudly.

François adlød, og Buck travet straks stolt fremover.

He laughed triumphantly and stepped into the lead position.

Han lo triumferende og tok ledelsen.

François secured his traces, and the sled was broken loose.

François sikret sporene sine, og sleden ble løsnet.

Both men ran alongside as the team raced onto the river trail.

Begge mennene løp ved siden av mens laget løp inn på elvestien.

François had thought highly of Buck's "two devils,"

François hadde satt høye krav til Bucks «to djevler».

but he soon realized he had actually underestimated the dog.

men han innså snart at han faktisk hadde undervurdert hunden.

Buck quickly assumed leadership and performed with excellence.

Buck tok raskt lederskap og presterte med dyktighet.

In judgment, quick thinking, and fast action, Buck surpassed Spitz.

I dømmekraft, rask tenkning og rask handling overgikk Buck Spitz.

François had never seen a dog equal to what Buck now displayed.

François hadde aldri sett en hund som kunne måle seg med den Buck nå viste frem.

But Buck truly excelled in enforcing order and commanding respect.

Men Buck utmerket seg virkelig i å håndheve orden og inngyte respekt.

Dave and Solleks accepted the change without concern or protest.

Dave og Solleks aksepterte endringen uten bekymring eller protest.

They focused only on work and pulling hard in the reins.

De fokuserte bare på arbeid og å trekke hardt i tøylene.

They cared little who led, so long as the sled kept moving.

De brydde seg lite om hvem som ledet, så lenge sleden fortsatte å bevege seg.

Billee, the cheerful one, could have led for all they cared.

Billee, den muntre, kunne ha ledet an for alt de brydde seg om.

What mattered to them was peace and order in the ranks.

Det som var viktig for dem var ro og orden i rekkene.

The rest of the team had grown unruly during Spitz's decline.
Resten av laget hadde blitt uregjerlige under Spitz' tilbakegang.
They were shocked when Buck immediately brought them to order.
De ble sjokkerte da Buck umiddelbart tok dem i orden.
Pike had always been lazy and dragging his feet behind Buck.
Pike hadde alltid vært lat og slept beina etter Buck.
But now was sharply disciplined by the new leadership.
Men nå ble han strengt disiplinert av den nye ledelsen.
And he quickly learned to pull his weight in the team.
Og han lærte raskt å gjøre sin del av laget.
By the end of the day, Pike worked harder than ever before.
Mot slutten av dagen jobbet Pike hardere enn noen gang før.
That night in camp, Joe, the sour dog, was finally subdued.
Den kvelden i leiren ble Joe, den sure hunden, endelig underkuet.
Spitz had failed to discipline him, but Buck did not fail.
Spitz hadde unnlatt å disiplinere ham, men Buck sviktet ikke.
Using his greater weight, Buck overwhelmed Joe in seconds.
Ved å bruke sin større vekt overmannet Buck Joe på få sekunder.
He bit and battered Joe until he whimpered and ceased resisting.
Han bet og slo Joe til han klynket og sluttet å gjøre motstand.
The whole team improved from that moment on.
Hele laget forbedret seg fra det øyeblikket av.
The dogs regained their old unity and discipline.
Hundene gjenvant sin gamle samhold og disiplin.
At Rink Rapids, two new native huskies, Teek and Koona, joined.
Ved Rink Rapids ble to nye innfødte huskyer, Teek og Koona, med.

Buck's swift training of them astonished even François.

Bucks raske trening av dem forbløffet til og med François.

"Never was there such a dog as that Buck!" he cried in amazement.

«Det har aldri vært en hund som den Buck!» ropte han forbløffet.

"No, never! He's worth one thousand dollars, by God!"

«Nei, aldri! Han er verdt tusen dollar, for pokker!»

"Eh? What do you say, Perrault?" he asked with pride.

«Eh? Hva sier du, Perrault?» spurte han stolt.

Perrault nodded in agreement and checked his notes.

Perrault nikket samtykkende og sjekket notatene sine.

We're already ahead of schedule and gaining more each day.

Vi ligger allerede foran skjema og vi får mer hver dag.

The trail was hard-packed and smooth, with no fresh snow.

Løypa var hardpakket og glatt, uten nysnø.

The cold was steady, hovering at fifty below zero throughout.

Kulden var jevn, og holdt seg på femti minusgrader hele tiden.

The men rode and ran in turns to keep warm and make time.

Mennene red og løp etter tur for å holde varmen og få tid.

The dogs ran fast with few stops, always pushing forward.

Hundene løp fort med få stopp, og presset seg alltid fremover.

The Thirty Mile River was mostly frozen and easy to travel across.

Thirty Mile-elven var stort sett frossen og lett å ferdes over.

They went out in one day what had taken ten days coming in.

De dro ut på én dag det som hadde tatt ti dager å komme inn.

They made a sixty-mile dash from Lake Le Barge to White Horse.

De løp seksti mil fra Lake Le Barge til White Horse.

Across Marsh, Tagish, and Bennett Lakes they moved incredibly fast.

Over Marsh-, Tagish- og Bennett-sjøene beveget de seg utrolig raskt.

The running man towed behind the sled on a rope.

Løpende mann tauet bak sleden i et tau.

On the last night of week two they got to their destination.

Den siste kvelden i uke to kom de frem til bestemmelsesstedet sitt.

They had reached the top of White Pass together.

De hadde nådd toppen av White Pass sammen.

They dropped down to sea level with Skaguay's lights below them.

De falt ned til havnivå med Skaguays lys under seg.

It had been a record-setting run across miles of cold wilderness.

Det hadde vært en rekordsettende løpetur gjennom kilometervis med kald villmark.

For fourteen days straight, they averaged a strong forty miles.

I fjorten dager i strekk løp de i gjennomsnitt en solid 64 kilometer.

In Skaguay, Perrault and François moved cargo through town.

I Skaguay flyttet Perrault og François last gjennom byen.

They were cheered and offered many drinks by admiring crowds.

De ble hyllet og tilbudt mange drinker av beundrende folkemengder.

Dog-busters and workers gathered around the famous dog team.

Hundejegere og arbeidere samlet seg rundt det berømte hundespannet.

Then western outlaws came to town and met violent defeat.

Så kom vestlige fredløse til byen og møtte et voldelig nederlag.

The people soon forgot the team and focused on new drama.

Folket glemte snart laget og fokuserte på nytt drama.

Then came the new orders that changed everything at once.

Så kom de nye ordrene som forandret alt på én gang.

François called Buck to him and hugged him with tearful pride.

François kalte Buck til seg og klemte ham med tårevåt stolthet.

That moment was the last time Buck ever saw François again.

Det øyeblikket var siste gang Buck så François igjen.

Like many men before, both François and Perrault were gone.

Som mange menn før, var både François og Perrault borte.

A Scotch half-breed took charge of Buck and his sled dog teammates.

En skotsk halvblod tok ansvar for Buck og hans sledehundkamerater.

With a dozen other dog teams, they returned along the trail to Dawson.

Med et dusin andre hundespann returnerte de langs stien til Dawson.

It was no fast run now—just heavy toil with a heavy load each day.

Det var ingen rask løpetur nå – bare hardt slit med en tung last hver dag.

This was the mail train, bringing word to gold hunters near the Pole.

Dette var posttoget som brakte bud til gulljegere nær polpunktet.

Buck disliked the work but bore it well, taking pride in his effort.

Buck mislikte arbeidet, men tålte det godt og var stolt av innsatsen sin.

Like Dave and Solleks, Buck showed devotion to every daily task.

I likhet med Dave og Solleks viste Buck hengivenhet til hver eneste daglige oppgave.

He made sure his teammates each pulled their fair weight.

Han sørget for at lagkameratene hans gjorde sitt ytterste.

Trail life became dull, repeated with the precision of a machine.

Livet på stiene ble kjedelig, gjentatt med en maskins presisjon.

Each day felt the same, one morning blending into the next.

Hver dag føltes lik, den ene morgenen gikk over i den neste.

At the same hour, the cooks rose to build fires and prepare food.

I samme time sto kokkene opp for å lage bål og lage mat.

After breakfast, some left camp while others harnessed the dogs.

Etter frokost forlot noen leiren mens andre spente på hundene.

They hit the trail before the dim warning of dawn touched the sky.

De kom i gang før den svake varsellyden om daggry nådde himmelen.

At night, they stopped to make camp, each man with a set duty.

Om natten stoppet de for å slå leir, hver mann med en fast plikt.

Some pitched the tents, others cut firewood and gathered pine boughs.

Noen slo opp teltene, andre hogg ved og samlet furugrener.

Water or ice was carried back to the cooks for the evening meal.

Vann eller is ble båret tilbake til kokkene til kveldsmåltidet.

The dogs were fed, and this was the best part of the day for them.

Hundene fikk mat, og dette var den beste delen av dagen for dem.

After eating fish, the dogs relaxed and lounged near the fire.

Etter å ha spist fisk, slappet hundene av og lå og slengte seg rundt bålet.

There were a hundred other dogs in the convoy to mingle with.

Det var hundre andre hunder i konvoien å omgås med.

Many of those dogs were fierce and quick to fight without warning.

Mange av disse hundene var ville og raske til å slåss uten forvarsel.

But after three wins, Buck mastered even the fiercest fighters.

Men etter tre seire mestret Buck selv de tøffeste slåsskjempene.

Now when Buck growled and showed his teeth, they stepped aside.

Da Buck knurret og viste tennene, trakk de seg til side.

Perhaps best of all, Buck loved lying near the flickering campfire.

Kanskje aller best var det at Buck elsket å ligge ved det blafrende bålet.

He crouched with hind legs tucked and front legs stretched ahead.

Han satt på huk med bakbeina innfelt og forbeina strukket fremover.

His head was raised as he blinked softly at the glowing flames.

Hodet hans var hevet mens han blunket mykt mot de glødende flammene.

Sometimes he recalled Judge Miller's big house in Santa Clara.

Noen ganger mintes han dommer Millers store hus i Santa Clara.

He thought of the cement pool, of Ysabel, and the pug called Toots.

Han tenkte på sementbassenget, på Ysabel og mopsen som het Toots.

But more often he remembered the man with the red sweater's club.

Men oftere husket han mannen med køllen til den røde genseren.

He remembered Curly's death and his fierce battle with Spitz.

Han husket Krølletes død og hans harde kamp med Spitz.

He also recalled the good food he had eaten or still dreamed of.

Han mintes også den gode maten han hadde spist eller fortsatt drømte om.

Buck was not homesick—the warm valley was distant and unreal.

Buck lengtet ikke hjem – den varme dalen var fjern og uvirkelig.

Memories of California no longer held any real pull over him.

Minnene fra California hadde ikke lenger noen reell tiltrekningskraft på ham.

Stronger than memory were instincts deep in his bloodline.

Sterkere enn hukommelsen var instinkter dypt i hans blodslinje.

Habits once lost had returned, revived by the trail and the wild.

Vaner som en gang var tapt hadde kommet tilbake, gjenopplivet av stien og villmarken.

As Buck watched the firelight, it sometimes became something else.

Når Buck så på lyset fra bålet, ble det noen ganger til noe annet.

He saw in the firelight another fire, older and deeper than the present one.

Han så i lyset fra ilden en annen ild, eldre og dypere enn den nåværende.

Beside that other fire crouched a man unlike the half-breed cook.

Ved siden av den andre ilden satt en mann ulik den halvblods kokken.

This figure had short legs, long arms, and hard, knotted muscles.

Denne figuren hadde korte ben, lange armer og harde, sammenknyttede muskler.

His hair was long and matted, sloping backward from the eyes.

Håret hans var langt og flokete, og skrånet bakover fra øynene.

He made strange sounds and stared out in fear at the darkness.

Han lagde merkelige lyder og stirret fryktsomt ut i mørket.

He held a stone club low, gripped tightly in his long rough hand.

Han holdt en steinkølle lavt, hardt klemt i den lange, ru hånden sin.

The man wore little; just a charred skin that hung down his back.

Mannen hadde lite på seg; bare en forkullet hud som hang nedover ryggen hans.

His body was covered with thick hair across arms, chest, and thighs.

Kroppen hans var dekket av tykt hår på armene, brystet og lårene.

Some parts of the hair were tangled into patches of rough fur.

Noen deler av håret var flokete inn i flekker med ru pels.

He did not stand straight but bent forward from the hips to knees.

Han sto ikke rett, men bøyde seg fremover fra hoftene til knærne.

His steps were springy and catlike, as if always ready to leap.

Skrittene hans var fjærende og katteaktige, som om han alltid var klar til å hoppe.

There was a sharp alertness, like he lived in constant fear.

Det var en skarp årvåkenhet, som om han levde i konstant frykt.

This ancient man seemed to expect danger, whether the danger was seen or not.

Denne eldgamle mannen syntes å forvente fare, enten faren ble sett eller ikke.

At times the hairy man slept by the fire, head tucked between legs.

Til tider sov den hårete mannen ved bålet med hodet mellom beina.

His elbows rested on his knees, hands clasped above his head.

Albuene hans hvilte på knærne, hendene foldet over hodet.

Like a dog he used his hairy arms to shed off the falling rain.
Som en hund brukte han sine hårete armer til å felle av seg det fallende regnet.
Beyond the firelight, Buck saw twin coals glowing in the dark.
Bak lyset fra bålet så Buck to kull som glødet i mørket.
Always two by two, they were the eyes of stalking beasts of prey.
Alltid to og to, var de øynene til forfølgende rovdyr.
He heard bodies crash through brush and sounds made in the night.
Han hørte kropper krasje gjennom kratt og lyder laget om natten.
Lying on the Yukon bank, blinking, Buck dreamed by the fire.
Buck lå og blunket ved bålet og drømte på Yukon-bredden.
The sights and sounds of that wild world made his hair stand up.
Synene og lydene fra den ville verdenen fikk hårene hans til å reise seg.
The fur rose along his back, his shoulders, and up his neck.
Pelsen steg langs ryggen, skuldrene og oppover nakken hans.
He whimpered softly or gave a low growl deep in his chest.
Han klynket lavt eller knurret lavt dypt inne i brystet.
Then the half-breed cook shouted, "Hey, you Buck, wake up!"
Så ropte halvblodskokken: «Hei, Buck, våkn opp!»
The dream world vanished, and real life returned to Buck's eyes.
Drømmeverdenen forsvant, og det virkelige livet vendte tilbake til Bucks øyne.
He was going to get up, stretch, and yawn, as if woken from a nap.
Han skulle til å reise seg, strekke seg og gjespe, som om han hadde vekket fra en lur.
The trip was hard, with the mail sled dragging behind them.
Turen var hard, med postsleden som slepte etter dem.

Heavy loads and tough work wore down the dogs each long day.
Tunge lass og hardt arbeid slet ut hundene hver lange dag.
They reached Dawson thin, tired, and needing over a week's rest.
De ankom Dawson tynne, slitne og trengte over en ukes hvile.
But only two days later, they set out down the Yukon again.
Men bare to dager senere la de ut nedover Yukon igjen.
They were loaded with more letters bound for the outside world.
De var lastet med flere brev på vei til omverdenen.
The dogs were exhausted and the men were complaining constantly.
Hundene var utslitte, og mennene klaget konstant.
Snow fell every day, softening the trail and slowing the sleds.
Snøen falt hver dag, noe som myknet opp stien og bremset sledene.
This made for harder pulling and more drag on the runners.
Dette førte til hardere drag og mer luftmotstand for løperne.
Despite that, the drivers were fair and cared for their teams.
Til tross for det var sjåførene rettferdige og brydde seg om lagene sine.
Each night, the dogs were fed before the men got to eat.
Hver kveld ble hundene matet før mennene fikk spise.
No man slept before checking the feet of his own dog's.
Ingen mann sov før han sjekket føttene til sin egen hund.
Still, the dogs grew weaker as the miles wore on their bodies.
Likevel ble hundene svakere etter hvert som kilometerne gikk på kroppen.
They had traveled eighteen hundred miles through the winter.
De hadde reist atten hundre mil gjennom vinteren.
They pulled sleds across every mile of that brutal distance.
De dro sleder over hver kilometer av den brutale distansen.
Even the toughest sled dogs feel strain after so many miles.

Selv de tøffeste sledehundene føler belastning etter så mange kilometer.

Buck held on, kept his team working, and maintained discipline.

Buck holdt ut, holdt laget sitt i gang og opprettholdt disiplinen.

But Buck was tired, just like the others on the long journey.

Men Buck var sliten, akkurat som de andre på den lange reisen.

Billee whimpered and cried in his sleep each night without fail.

Billee klynket og gråt i søvne hver natt uten å feile.

Joe grew even more bitter, and Solleks stayed cold and distant.

Joe ble enda mer bitter, og Solleks forble kald og distansert.

But it was Dave who suffered the worst out of the entire team.

Men det var Dave som led verst av hele laget.

Something had gone wrong inside him, though no one knew what.

Noe hadde gått galt inni ham, selv om ingen visste hva.

He became moodier and snapped at others with growing anger.

Han ble mer humørsyk og glefset til andre med økende sinne.

Each night he went straight to his nest, waiting to be fed.

Hver natt gikk han rett til reiret sitt og ventet på å bli matet.

Once he was down, Dave did not get up again till morning.

Da han først var nede, sto ikke Dave opp igjen før om morgenen.

On the reins, sudden jerks or starts made him cry out in pain.

På tøylene fikk plutselige rykk eller rykk ham til å gråte av smerte.

His driver searched for the cause, but found no injury on him.

Sjåføren hans lette etter årsaken, men fant ingen skader på ham.

All the drivers began watching Dave and discussed his case.
Alle sjåførene begynte å se på Dave og diskuterte saken hans.
They talked at meals and during their final smoke of the day.
De snakket sammen under måltidene og under dagens siste røyk.
One night they held a meeting and brought Dave to the fire.
En kveld holdt de et møte og tok Dave med til bålet.
They pressed and probed his body, and he cried out often.
De presset og undersøkte kroppen hans, og han gråt ofte.
Clearly, something was wrong, though no bones seemed broken.
Det var tydelig at noe var galt, selv om ingen bein så ut til å være brukket.
By the time they reached Cassiar Bar, Dave was falling down.
Da de kom til Cassiar Bar, holdt Dave på å falle om.
The Scotch half-breed called a halt and removed Dave from the team.
Den skotske halvblodsrasen ga stopp og fjernet Dave fra laget.
He fastened Solleks in Dave's place, closest to the sled's front.
Han festet Sollekene på Daves plass, nærmest sledens forside.
He meant to let Dave rest and run free behind the moving sled.
Han mente å la Dave hvile og løpe fritt bak den bevegelige sleden.
But even sick, Dave hated being taken from the job he had owned.
Men selv om han var syk, hatet Dave å bli tatt fra jobben han hadde hatt.
He growled and whimpered as the reins were pulled from his body.
Han knurret og klynket idet tøylene ble trukket fra kroppen hans.
When he saw Solleks in his place, he cried with broken-hearted pain.

Da han så Solleks på sin plass, gråt han av knust hjerte.

The pride of trail work was deep in Dave, even as death approached.

Stoltheten over stiarbeidet satt dypt i Dave, selv da døden nærmet seg.

As the sled moved, Dave floundered through soft snow near the trail.

Mens sleden beveget seg, famlet Dave gjennom myk snø nær stien.

He attacked Solleks, biting and pushing him from the sled's side.

Han angrep Solleks, bet og dyttet ham fra siden av sleden.

Dave tried to leap into the harness and reclaim his working spot.

Dave prøvde å hoppe inn i selen og gjenerobre arbeidsplassen sin.

He yelped, whined, and cried, torn between pain and pride in labor.

Han hylte, klynket og gråt, revet mellom smerte og stolthet over arbeidet.

The half-breed used his whip to try driving Dave away from the team.

Halvrasen brukte pisken sin til å prøve å drive Dave vekk fra laget.

But Dave ignored the lash, and the man couldn't strike him harder.

Men Dave ignorerte piskingen, og mannen kunne ikke slå ham hardere.

Dave refused the easier path behind the sled, where snow was packed.

Dave nektet å ta den enklere stien bak sleden, der snøen var pakket sammen.

Instead, he struggled in the deep snow beside the trail, in misery.

I stedet slet han i den dype snøen ved siden av stien, i elendighet.

Eventually, Dave collapsed, lying in the snow and howling in pain.

Til slutt kollapset Dave, liggende i snøen og ulte av smerte.

He cried out as the long train of sleds passed him one by one.

Han ropte ut idet det lange toget med sleder passerte ham én etter én.

Still, with what strength remained, he rose and stumbled after them.

Likevel, med den styrke han hadde igjen, reiste han seg og snublet etter dem.

He caught up when the train stopped again and found his old sled.

Han tok igjen da toget stoppet igjen og fant den gamle sleden sin.

He floundered past the other teams and stood beside Solleks again.

Han famlet forbi de andre lagene og stilte seg ved siden av Solleks igjen.

As the driver paused to light his pipe, Dave took his last chance.

Idet sjåføren stoppet for å tenne pipa si, tok Dave sin siste sjanse.

When the driver returned and shouted, the team didn't move forward.

Da sjåføren kom tilbake og ropte, beveget ikke teamet seg fremover.

The dogs had turned their heads, confused by the sudden stoppage.

Hundene hadde snudd hodene, forvirret av den plutselige stansen.

The driver was shocked too—the sled hadn't moved an inch forward.

Sjåføren ble også sjokkert – sleden hadde ikke beveget seg en tomme fremover.

He called out to the others to come and see what had happened.

Han ropte til de andre at de skulle komme og se hva som hadde skjedd.

Dave had chewed through Solleks's reins, breaking both apart.

Dave hadde tygget seg gjennom Solleks' tøyler og brukket begge fra hverandre.

Now he stood in front of the sled, back in his rightful position.

Nå sto han foran sleden, tilbake i sin rettmessige posisjon.

Dave looked up at the driver, silently pleading to stay in the traces.

Dave så opp på sjåføren og tryglet i stillhet om å få holde seg i sporene.

The driver was puzzled, unsure of what to do for the struggling dog.

Sjåføren var forvirret og usikker på hva han skulle gjøre med den sliterende hunden.

The other men spoke of dogs who had died from being taken out.

De andre mennene snakket om hunder som hadde dødd av å bli tatt ut.

They told of old or injured dogs whose hearts broke when left behind.

De fortalte om gamle eller skadde hunder som fikk hjertene sine knust når de ble etterlatt.

They agreed it was mercy to let Dave die while still in his harness.

De var enige om at det var barmhjertighet å la Dave dø mens han fortsatt var i selen sin.

He was fastened back onto the sled, and Dave pulled with pride.

Han ble festet tilbake på sleden, og Dave dro med stolthet.

Though he cried out at times, he worked as if pain could be ignored.

Selv om han ropte til tider, jobbet han som om smerte kunne ignoreres.

More than once he fell and was dragged before rising again.

Mer enn én gang falt han og ble dratt med seg før han reiste seg igjen.

Once, the sled rolled over him, and he limped from that moment on.

En gang rullet sleden over ham, og han haltet fra det øyeblikket av.

Still, he worked until camp was reached, and then lay by the fire.

Likevel jobbet han til han nådde leiren, og deretter lå han ved bålet.

By morning, Dave was too weak to travel or even stand upright.

Om morgenen var Dave for svak til å reise eller til og med stå oppreist.

At harness-up time, he tried to reach his driver with trembling effort.

Da det var tid for å spene fast bilen, prøvde han med skjelvende anstrengelse å nå frem til sjåføren.

He forced himself up, staggered, and collapsed onto the snowy ground.

Han tvang seg opp, sjanglet og kollapset ned på den snødekte bakken.

Using his front legs, he dragged his body toward the harnessing area.

Ved hjelp av forbeina dro han kroppen sin mot seleområdet.

He hitched himself forward, inch by inch, toward the working dogs.

Han hvilte seg fremover, tomme for tomme, mot arbeidshundene.

His strength gave out, but he kept moving in his last desperate push.

Kreftene hans sviktet, men han fortsatte i sitt siste desperate fremstøt.

His teammates saw him gasping in the snow, still longing to join them.

Lagkameratene hans så ham gispe i snøen, fortsatt lengtende etter å bli med dem.

They heard him howling with sorrow as they left the camp behind.

De hørte ham hyle av sorg idet de forlot leiren.

As the team vanished into trees, Dave's cry echoed behind them.

Idet teamet forsvant inn i trærne, ekkoet Daves rop bak dem.

The sled train halted briefly after crossing a stretch of river timber.

Sledetoget stoppet kort etter å ha krysset en strekning med elvetømmer.

The Scotch half-breed walked slowly back toward the camp behind.

Den skotske halvblodshunden gikk sakte tilbake mot leiren bak.

The men stopped speaking when they saw him leave the sled train.

Mennene sluttet å snakke da de så ham forlate sledetoget.

Then a single gunshot rang out clear and sharp across the trail.

Så runget et enkelt skudd klart og skarpt over stien.

The man returned quickly and took up his place without a word.

Mannen kom raskt tilbake og tok plassen sin uten et ord.

Whips cracked, bells jingled, and the sleds rolled on through snow.

Pisker knaket, bjeller klang, og sledene rullet videre gjennom snøen.

But Buck knew what had happened—and so did every other dog.

Men Buck visste hva som hadde skjedd – og det gjorde alle andre hunder også.

The Toil of Reins and Trail
Tøylenes og sporets slit

Thirty days after leaving Dawson, the Salt Water Mail reached Skaguay.

Tretti dager etter at de forlot Dawson, nådde Salt Water Mail Skaguay.

Buck and his teammates pulled the lead, arriving in pitiful condition.

Buck og lagkameratene hans tok ledelsen og ankom i ynkelig forfatning.

Buck had dropped from one hundred forty to one hundred fifteen pounds.

Buck hadde gått ned fra hundre og førti til hundre og femten pund.

The other dogs, though smaller, had lost even more body weight.

De andre hundene, selv om de var mindre, hadde mistet enda mer kroppsvekt.

Pike, once a fake limper, now dragged a truly injured leg behind him.

Pike, en gang en falsk halter, dro nå et virkelig skadet bein etter seg.

Solleks was limping badly, and Dub had a wrenched shoulder blade.

Solleks haltet stygt, og Dub hadde et vridd skulderblad.

Every dog in the team was footsore from weeks on the frozen trail.

Alle hundene i spannet hadde vondt i føttene etter flere uker på den frosne stien.

They had no spring left in their steps, only slow, dragging motion.

De hadde ingen fjærhet igjen i skrittene sine, bare langsom, slepende bevegelse.

Their feet hit the trail hard, each step adding more strain to their bodies.

Føttene deres traff stien hardt, og hvert skritt belastet kroppen mer.

They were not sick, only drained beyond all natural recovery.

De var ikke syke, bare uttømte til det uunngåelige.

This was not tiredness from one hard day, cured with a night's rest.

Dette var ikke tretthet etter én hard dag, kurert med en natts søvn.

It was exhaustion built slowly through months of grueling effort.

Det var utmattelse som sakte bygget seg opp gjennom måneder med knallhard innsats.

No reserve strength remained—they had used up every bit they had.

Ingen reservestyrke var igjen – de hadde brukt opp alt de hadde.

Every muscle, fiber, and cell in their bodies was spent and worn.

Hver muskel, fiber og celle i kroppene deres var utslitt og utslitt.

And there was a reason—they had covered twenty-five hundred miles.

Og det var en grunn – de hadde tilbakelagt tjuefem hundre mil.

They had rested only five days during the last eighteen hundred miles.

De hadde bare hvilt i fem dager i løpet av de siste atten hundre milene.

When they reached Skaguay, they looked barely able to stand upright.

Da de nådde Skaguay, så det ut til at de knapt kunne stå oppreist.

They struggled to keep the reins tight and stay ahead of the sled.

De slet med å holde tøylene stramme og holde seg foran sleden.

On downhill slopes, they only managed to avoid being run over.

I nedoverbakker klarte de bare å unngå å bli påkjørt.

"March on, poor sore feet," the driver said as they limped along.

«Marsjér videre, stakkars såre føtter», sa sjåføren mens de haltet avgårde.

"This is the last stretch, then we all get one long rest, for sure."

«Dette er den siste strekningen, så får vi alle én lang hvile, helt sikkert.»

"One truly long rest," he promised, watching them stagger forward.

«Én skikkelig lang hvil», lovet han, mens han så dem sjangle fremover.

The drivers expected they were going to now get a long, needed break.

Sjåførene forventet at de nå skulle få en lang, tiltrengt pause.

They had traveled twelve hundred miles with only two days' rest.

De hadde tilbakelagt tolv hundre mil med bare to dagers hvile.

By fairness and reason, they felt they had earned time to relax.

Av rettferdighet og fornuft følte de at de hadde fortjent tid til å slappe av.

But too many had come to the Klondike, and too few had stayed home.

Men for mange hadde kommet til Klondike, og for få hadde blitt hjemme.

Letters from families flooded in, creating piles of delayed mail.

Brev fra familier strømmet inn, og skapte bunker med forsinket post.

Official orders arrived—new Hudson Bay dogs were going to take over.

Offisielle ordrer kom – nye hunder fra Hudson Bay skulle ta over.

The exhausted dogs, now called worthless, were to be disposed of.

De utmattede hundene, nå kalt verdiløse, skulle kvittes med.

Since money mattered more than dogs, they were going to be sold cheaply.

Siden penger betydde mer enn hunder, skulle de selges billig.

Three more days passed before the dogs felt just how weak they were.

Tre dager til gikk før hundene kjente hvor svake de var.

On the fourth morning, two men from the States bought the whole team.

Den fjerde morgenen kjøpte to menn fra Statene hele laget.

The sale included all the dogs, plus their worn harness gear.

Salget inkluderte alle hundene, pluss det brukte seleutstyret deres.

The men called each other "Hal" and "Charles" as they completed the deal.

Mennene kalte hverandre «Hal» og «Charles» mens de fullførte avtalen.

Charles was middle-aged, pale, with limp lips and fierce mustache tips.

Charles var middelaldrende, blek, med slappe lepper og hissige barttupper.

Hal was a young man, maybe nineteen, wearing a cartridge-stuffed belt.

Hal var en ung mann, kanskje nitten, som hadde på seg et belte fylt med patroner.

The belt held a big revolver and a hunting knife, both unused.

Beltet inneholdt en stor revolver og en jaktkniv, begge ubrukte.

It showed how inexperienced and unfit he was for northern life.

Det viste hvor uerfaren og uskikket han var for livet i nord.

Neither man belonged in the wild; their presence defied all reason.

Ingen av mennene hørte hjemme i villmarken; deres tilstedeværelse trosset all fornuft.

Buck watched as money exchanged hands between buyer and agent.

Buck så på mens penger utvekslet hender mellom kjøper og megler.

He knew the mail-train drivers were leaving his life like the rest.

Han visste at posttogførerne forlot livet hans som alle andre.

They followed Perrault and François, now gone beyond recall.

De fulgte Perrault og François, som nå var ubrukelige å huske.

Buck and the team were led to their new owners' sloppy camp.

Buck og teamet ble ført til sine nye eiers slurvete leir.

The tent sagged, dishes were dirty, and everything lay in disarray.

Teltet hang, oppvasken var skitten, og alt lå i uorden.

Buck noticed a woman there too—Mercedes, Charles's wife and Hal's sister.

Buck la også merke til en kvinne der – Mercedes, Charles' kone og Hals søster.

They made a complete family, though far from suited to the trail.

De utgjorde en komplett familie, men langt fra egnet til løypa.

Buck watched nervously as the trio started packing the supplies.

Buck så nervøst på mens trioen begynte å pakke utstyret.

They worked hard but without order—just fuss and wasted effort.

De jobbet hardt, men uten orden – bare styr og bortkastet innsats.

The tent was rolled into a bulky shape, far too large for the sled.

Teltet var rullet sammen til en klumpete form, altfor stor for sleden.

Dirty dishes were packed without being cleaned or dried at all.

Skitten oppvask ble pakket uten å bli rengjort eller tørket i det hele tatt.

Mercedes fluttered about, constantly talking, correcting, and meddling.

Mercedes flagret rundt, snakket, korrigerte og blandet seg stadig vekk.

When a sack was placed on front, she insisted it go on the back.

Da en sekk ble plassert foran, insisterte hun på at den skulle legges på baksiden.

She packed the sack in the bottom, and the next moment she needed it.

Hun pakket sekken i bunnen, og i neste øyeblikk trengte hun den.

So the sled was unpacked again to reach the one specific bag.

Så ble sleden pakket ut igjen for å nå den ene spesifikke sekken.

Nearby, three men stood outside a tent, watching the scene unfold.

I nærheten sto tre menn utenfor et telt og så på hendelsen som utspilte seg.

They smiled, winked, and grinned at the newcomers' obvious confusion.

De smilte, blunket og gliste av nykommernes åpenbare forvirring.

"You've got a right heavy load already," said one of the men.

«Du har allerede en skikkelig tung last», sa en av mennene.

"I don't think you should carry that tent, but it's your choice."

«Jeg synes ikke du bør bære det teltet, men det er ditt valg.»

"Undreamed of!" cried Mercedes, throwing up her hands in despair.

«Uansett!» ropte Mercedes og slo hendene i været i fortvilelse.

"How could I possibly travel without a tent to stay under?"

«Hvordan skulle jeg i det hele tatt kunne reise uten et telt å overnatte i?»

"It's springtime—you won't see cold weather again," the man replied.

«Det er vår – du kommer ikke til å se kaldt vær igjen», svarte mannen.

But she shook her head, and they kept piling items onto the sled.

Men hun ristet på hodet, og de fortsatte å stable gjenstander oppå sleden.

The load towered dangerously high as they added the final things.

Lasten tårnet seg faretruende høyt da de la til de siste tingene.

"Think the sled will ride?" asked one of the men with a skeptical look.

«Tror du sleden vil kjøre?» spurte en av mennene med et skeptisk blikk.

"Why shouldn't it?" Charles snapped back with sharp annoyance.

«Hvorfor skulle det ikke?» glefset Charles tilbake med skarp irritasjon.

"Oh, that's all right," the man said quickly, backing away from offense.

«Å, det er greit», sa mannen raskt, og trakk seg unna fornærmelsen.

"I was only wondering—it just looked a bit too top-heavy to me."

«Jeg bare lurte – den så bare litt for tung ut på toppen.»

Charles turned away and tied down the load as best as he could.

Charles snudde seg bort og bandt fast lasten så godt han kunne.

But the lashings were loose and the packing poorly done overall.

Men surringene var løse og pakkingen dårlig utført generelt.

"Sure, the dogs will pull that all day," another man said sarcastically.

«Jada, hundene kommer til å trekke med den hele dagen», sa en annen mann sarkastisk.

"Of course," Hal replied coldly, grabbing the sled's long gee-pole.

«Selvfølgelig», svarte Hal kaldt og grep tak i den lange gee-stangen på sleden.

With one hand on the pole, he swung the whip in the other.

Med den ene hånden på stangen svingte han pisken i den andre.

"Let's go!" he shouted. **"Move it!"** urging the dogs to start.

«La oss gå!» ropte han. «Flytt på!» og oppfordret hundene til å sette i gang.

The dogs leaned into the harness and strained for a few moments.

Hundene lente seg inn i selen og anstrengte seg i noen øyeblikk.

Then they stopped, unable to budge the overloaded sled an inch.

Så stoppet de, ute av stand til å rikke den overlastede sleden en tomme.

"The lazy brutes!" Hal yelled, lifting the whip to strike them.

«De late beistene!» ropte Hal og løftet pisken for å slå dem.

But Mercedes rushed in and seized the whip from Hal's hands.

Men Mercedes stormet inn og grep pisken fra Hals hender.

"Oh, Hal, don't you dare hurt them," she cried in alarm.

«Å, Hal, ikke våg å skade dem!» ropte hun forferdet.

"Promise me you'll be kind to them, or I won't go another step."

«Lov meg at du skal være snill mot dem, ellers går jeg ikke et skritt til.»

"You don't know a thing about dogs," Hal snapped at his sister.

«Du aner ikke en dæsj om hunder», glefset Hal til søsteren sin.

"They're lazy, and the only way to move them is to whip them."

«De er late, og den eneste måten å flytte dem på er å piske dem.»

"Ask anyone—ask one of those men over there if you doubt me."

«Spør hvem som helst – spør en av de mennene der borte hvis du tviler på meg.»

Mercedes looked at the onlookers with pleading, tearful eyes.

Mercedes så på tilskuerne med bedende, tårevåte øyne.

Her face showed how deeply she hated the sight of any pain.

Ansiktet hennes viste hvor dypt hun hatet synet av smerte.

"They're weak, that's all," one man said. "They're worn out."

«De er svake, det er alt», sa en mann. «De er utslitte.»

"They need rest—they've been worked too long without a break."

«De trenger hvile – de har jobbet for lenge uten pause.»

"Rest be cursed," Hal muttered with his lip curled.

«Forbannet være resten», mumlet Hal med krøllet leppe.

Mercedes gasped, clearly pained by the coarse word from him.

Mercedes gispet, tydelig plaget av de grove ordene fra ham.

Still, she stayed loyal and instantly defended her brother.

Likevel forble hun lojal og forsvarte broren sin umiddelbart.

"Don't mind that man," she said to Hal. "They're our dogs."

«Ikke bry deg om den mannen», sa hun til Hal. «De er hundene våre.»

"You drive them as you see fit—do what you think is right."

«Du kjører dem slik du synes passer – gjør det du synes er riktig.»

Hal raised the whip and struck the dogs again without mercy.

Hal hevet pisken og slo hundene igjen uten nåde.

They lunged forward, bodies low, feet pushing into the snow.

De kastet seg fremover, med kroppene lavt nede og føttene presset ned i snøen.

All their strength went into the pull, but the sled wasn't moving.

All deres styrke gikk med til å trekke, men sleden beveget seg ikke.

The sled stayed stuck, like an anchor frozen into the packed snow.

Kjelken ble stående fast, som et anker som var frosset fast i den pakkete snøen.

After a second effort, the dogs stopped again, panting hard.

Etter et nytt forsøk stoppet hundene igjen, pesende kraftig.

Hal raised the whip once more, just as Mercedes interfered again.

Hal hevet pisken nok en gang, akkurat idet Mercedes blandet seg inn igjen.

She dropped to her knees in front of Buck and hugged his neck.

Hun falt ned på kne foran Buck og klemte halsen hans.

Tears filled her eyes as she pleaded with the exhausted dog.

Tårer fylte øynene hennes mens hun tryglet den utmattede hunden.

"You poor dears," she said, "why don't you just pull harder?"

«Stakkars kjære,» sa hun, «hvorfor drar dere ikke bare hardere?»

"If you pull, then you won't get to be whipped like this."

«Hvis du drar, så slipper du å bli pisket slik.»

Buck disliked Mercedes, but he was too tired to resist her now.

Buck mislikte Mercedes, men han var for sliten til å motstå henne nå.

He accepted her tears as just another part of the miserable day.

Han aksepterte tårene hennes som bare enda en del av den elendige dagen.

One of the watching men finally spoke after holding back his anger.

En av mennene som så på, snakket endelig etter å ha holdt sinnet tilbake.

"I don't care what happens to you folks, but those dogs matter."

«Jeg bryr meg ikke om hva som skjer med dere, men hundene betyr noe.»

"If you want to help, break that sled loose—it's frozen to the snow."

«Hvis du vil hjelpe til, så løsne den sleden – den er frosset fast i snøen.»

"Push hard on the gee-pole, right and left, and break the ice seal."

«Trykk hardt på stangen, til høyre og venstre, og bryt isforseglingen.»

A third attempt was made, this time following the man's suggestion.

Et tredje forsøk ble gjort, denne gangen etter mannens forslag.

Hal rocked the sled from side to side, breaking the runners loose.

Hal gynget sleden fra side til side, slik at mederne løsnet.

The sled, though overloaded and awkward, finally lurched forward.

Sleden, selv om den var overlastet og klossete, svingte endelig fremover.

Buck and the others pulled wildly, driven by a storm of whiplashes.

Buck og de andre dro vilt, drevet av en storm av nappesleng.

A hundred yards ahead, the trail curved and sloped into the street.

Hundre meter foran svingte stien og skrånet ut i gaten.

It was going to have taken a skilled driver to keep the sled upright.

Det ville ha krevd en dyktig fører for å holde sleden oppreist.

Hal was not skilled, and the sled tipped as it swung around the bend.

Hal var ikke dyktig, og sleden tippet da den svingte rundt svingen.

Loose lashings gave way, and half the load spilled onto the snow.

Løse surringer ga etter, og halve lasten rant utover snøen.

The dogs did not stop; the lighter sled flew along on its side.

Hundene stoppet ikke; den lettere sleden fløy avgårde på siden.

Angry from abuse and the heavy burden, the dogs ran faster.

Sinte etter mishandling og den tunge byrden, løp hundene fortere.

Buck, in fury, broke into a run, with the team following behind.

Buck, i raseri, begynte å løpe, med spannet i hælene.

Hal shouted "Whoa! Whoa!" but the team paid no attention to him.

Hal ropte «Whoa! Whoa!» men teamet brydde seg ikke om ham.

He tripped, fell, and was dragged along the ground by the harness.

Han snublet, falt og ble dratt langs bakken etter selen.

The overturned sled bumped over him as the dogs raced on ahead.

Den veltede sleden dunket over ham mens hundene løp videre.

The rest of the supplies scattered across Skaguay's busy street.

Resten av forsyningene lå spredt over Skaguays travle gate.

Kind-hearted people rushed to stop the dogs and gather the gear.

Snille mennesker skyndte seg for å stoppe hundene og samle utstyret.

They also gave advice, blunt and practical, to the new travelers.

De ga også råd, direkte og praktiske, til de nye reisende.

"If you want to reach Dawson, take half the load and double the dogs."

«Hvis du vil nå Dawson, ta halvparten av lasten og doble hundene.»

Hal, Charles, and Mercedes listened, though not with enthusiasm.

Hal, Charles og Mercedes lyttet, men ikke med entusiasme.

They pitched their tent and started sorting through their supplies.

De slo opp teltet sitt og begynte å sortere utstyret sitt.

Out came canned goods, which made onlookers laugh aloud.

Ut kom hermetikkvarer, noe som fikk tilskuerne til å le høyt.

"Canned stuff on the trail? You'll starve before that melts," one said.

«Hermetiske ting på stien? Du kommer til å sulte før det smelter», sa en av dem.

"Hotel blankets? You're better off throwing them all out."

«Hotelltepper? Det er bedre å kaste dem alle ut.»

"Ditch the tent, too, and no one washes dishes here."

«Kast teltet også, så vasker ingen opp her.»

"You think you're riding a Pullman train with servants on board?"

«Tror du at du kjører Pullman-tog med tjenere om bord?»

The process began—every useless item was tossed to the side.

Prosessen begynte – alle ubrukelige gjenstander ble kastet til side.

Mercedes cried when her bags were emptied onto the snowy ground.

Mercedes gråt da bagasjen hennes ble tømt ut på den snødekte bakken.

She sobbed over every item thrown out, one by one without pause.

Hun hulket over hver gjenstand som ble kastet ut, én etter én, uten pause.

She vowed not to go one more step—not even for ten Charleses.

Hun sverget på å ikke gå et skritt til – ikke engang for ti karle.

She begged each person nearby to let her keep her precious things.
Hun tryglet alle i nærheten om å la henne beholde de dyrebare tingene sine.

At last, she wiped her eyes and began tossing even vital clothes.
Til slutt tørket hun øynene og begynte å kaste selv de viktigste klærne.

When done with her own, she began emptying the men's supplies.
Da hun var ferdig med sine egne, begynte hun å tømme mennenes forsyninger.

Like a whirlwind, she tore through Charles and Hal's belongings.
Som en virvelvind rev hun seg gjennom Charles og Hals eiendeler.

Though the load was halved, it was still far heavier than needed.
Selv om lasten ble halvert, var den fortsatt langt tyngre enn nødvendig.

That night, Charles and Hal went out and bought six new dogs.
Den kvelden dro Charles og Hal ut og kjøpte seks nye hunder.

These new dogs joined the original six, plus Teek and Koona.
Disse nye hundene ble med i de opprinnelige seks, pluss Teek og Koona.

Together they made a team of fourteen dogs hitched to the sled.
Sammen utgjorde de et spann på fjorten hunder spent for sleden.

But the new dogs were unfit and poorly trained for sled work.
Men de nye hundene var uskikket og dårlig trent for sledearbeid.

Three of the dogs were short-haired pointers, and one was a Newfoundland.

Tre av hundene var korthårede pointerer, og én var en newfoundlander.

The final two dogs were mutts of no clear breed or purpose at all.

De to siste hundene var muttar utan klar rase eller formål i det heile tatt.

They didn't understand the trail, and they didn't learn it quickly.

De forsto ikke løypa, og de lærte den ikke raskt.

Buck and his mates watched them with scorn and deep irritation.

Buck og kameratene hans så på dem med hån og dyp irritasjon.

Though Buck taught them what not to do, he could not teach duty.

Selv om Buck lærte dem hva de ikke skulle gjøre, kunne han ikke lære dem plikt.

They didn't take well to trail life or the pull of reins and sleds.

De tålte ikke livet på løypa eller tøyler og sleder.

Only the mongrels tried to adapt, and even they lacked fighting spirit.

Bare blandingsdyrene prøvde å tilpasse seg, og selv de manglet kampånd.

The other dogs were confused, weakened, and broken by their new life.

De andre hundene var forvirrede, svekkede og knuste av sitt nye liv.

With the new dogs clueless and the old ones exhausted, hope was thin.

Med de nye hundene uvitende og de gamle utslitte, var håpet lite.

Buck's team had covered twenty-five hundred miles of harsh trail.

Bucks team hadde tilbakelagt 2500 mil med ulendt sti.

Still, the two men were cheerful and proud of their large dog team.

Likevel var de to mennene blide og stolte av sitt store hundespann.

They thought they were traveling in style, with fourteen dogs hitched.

De trodde de reiste med stil, med fjorten hunder spent.

They had seen sleds leave for Dawson, and others arrive from it.

De hadde sett sleder dra til Dawson, og andre ankomme derfra.

But never had they seen one pulled by as many as fourteen dogs.

Men aldri hadde de sett en trukket av så mange som fjorten hunder.

There was a reason such teams were rare in the Arctic wilderness.

Det var en grunn til at slike lag var sjeldne i den arktiske villmarken.

No sled could carry enough food to feed fourteen dogs for the trip.

Ingen slede kunne frakte nok mat til å fø fjorten hunder på turen.

But Charles and Hal didn't know that—they had done the math.

Men Charles og Hal visste ikke det – de hadde gjort regnestykket.

They penciled out the food: so much per dog, so many days, done.

De skrev ned maten med blyant: så mye per hund, så mange dager, ferdig.

Mercedes looked at their figures and nodded as if it made sense.

Mercedes så på tallene deres og nikket som om det ga mening.

It all seemed very simple to her, at least on paper.

Alt virket veldig enkelt for henne, i hvert fall på papiret.

The next morning, Buck led the team slowly up the snowy street.

Neste morgen ledet Buck teamet sakte opp den snødekte gaten.

There was no energy or spirit in him or the dogs behind him.

Det var verken energi eller mot i ham eller hundene bak ham.

They were dead tired from the start—there was no reserve left.

De var dødsslite fra starten av – det var ingen reserve igjen.

Buck had made four trips between Salt Water and Dawson already.

Buck hadde allerede reist fire ganger mellom Salt Water og Dawson.

Now, faced with the same trail again, he felt nothing but bitterness.

Nå, stilt overfor den samme sti igjen, følte han ingenting annet enn bitterhet.

His heart was not in it, nor were the hearts of the other dogs.

Hans hjerte var ikke med i det, og det var heller ikke hjertene til de andre hundene.

The new dogs were timid, and the huskies lacked all trust.

De nye hundene var sky, og huskyene manglet all tillit.

Buck sensed he could not rely on these two men or their sister.

Buck følte at han ikke kunne stole på disse to mennene eller søsteren deres.

They knew nothing and showed no signs of learning on the trail.

De visste ingenting og viste ingen tegn til å lære underveis.

They were disorganized and lacked any sense of discipline.

De var uorganiserte og manglet enhver sans for disiplin.

It took them half the night to set up a sloppy camp each time.

Det tok dem halve natten å sette opp en slurvete leir hver gang.

And half the next morning they spent fumbling with the sled again.

Og halve neste morgen brukte de på å fomle med sleden igjen.

By noon, they often stopped just to fix the uneven load.
Ved middagstid stoppet de ofte bare for å fikse den ujevne lasten.

On some days, they traveled less than ten miles in total.
Noen dager reiste de mindre enn ti mil totalt.

Other days, they didn't manage to leave camp at all.
Andre dager klarte de ikke å forlate leiren i det hele tatt.

They never came close to covering the planned food-distance.
De kom aldri i nærheten av å tilbakelegge den planlagte matavstanden.

As expected, they ran short on food for the dogs very quickly.
Som forventet gikk de raskt tom for mat til hundene.

They made matters worse by overfeeding in the early days.
De gjorde vondt verre ved å overfôre i begynnelsen.

This brought starvation closer with every careless ration.
Dette brakte sulten nærmere med hver uforsiktige rasjonering.

The new dogs had not learned to survive on very little.
De nye hundene hadde ikke lært å overleve på særlig lite.

They ate hungrily, with appetites too large for the trail.
De spiste sultent, med en appetitt som var for stor for stien.

Seeing the dogs weaken, Hal believed the food wasn't enough.
Da Hal så hundene svekke seg, trodde han at maten ikke var nok.

He doubled the rations, making the mistake even worse.
Han doblet rasjonene, noe som gjorde feilen enda verre.

Mercedes added to the problem with tears and soft pleading.
Mercedes forverret problemet med tårer og lav tryglende bønn.

When she couldn't convince Hal, she fed the dogs in secret.
Da hun ikke klarte å overbevise Hal, matet hun hundene i hemmelighet.

She stole from the fish sacks and gave it to them behind his back.
Hun stjal fra fiskesekkene og ga det til dem bak ryggen hans.

But what the dogs truly needed wasn't more food—it was rest.

Men det hundene egentlig trengte var ikke mer mat – det var hvile.

They were making poor time, but the heavy sled still dragged on.

De hadde dårlig tid, men den tunge sleden slepte fortsatt videre.

That weight alone drained their remaining strength each day.

Bare den vekten tappet for den gjenværende styrken hver dag.

Then came the stage of underfeeding as the supplies ran low.

Så kom stadiet med underfôring ettersom forsyningene gikk tom.

Hal realized one morning that half the dog food was already gone.

Hal innså en morgen at halvparten av hundematen allerede var borte.

They had only traveled a quarter of the total trail distance.

De hadde bare tilbakelagt en fjerdedel av den totale distansen på løypa.

No more food could be bought, no matter what price was offered.

Ikke mer mat kunne kjøpes, uansett hvilken pris som ble tilbudt.

He reduced the dogs' portions below the standard daily ration.

Han reduserte hundenes porsjoner til under standard daglig rasjon.

At the same time, he demanded longer travel to make up for loss.

Samtidig krevde han lengre reisetid for å kompensere for tapet.

Mercedes and Charles supported this plan, but failed in execution.

Mercedes og Charles støttet denne planen, men mislyktes i gjennomføringen.

Their heavy sled and lack of skill made progress nearly impossible.

Den tunge sleden og mangelen på ferdigheter gjorde fremgang nesten umulig.

It was easy to give less food, but impossible to force more effort.

Det var lett å gi mindre mat, men umulig å tvinge frem mer innsats.

They couldn't start early, nor could they travel for extra hours.

De kunne ikke starte tidlig, og de kunne heller ikke reise i ekstra timer.

They didn't know how to work the dogs, nor themselves, for that matter.

De visste ikke hvordan de skulle jobbe med hundene, og heller ikke seg selv for den saks skyld.

The first dog to die was Dub, the unlucky but hardworking thief.

Den første hunden som døde var Dub, den uheldige, men hardtarbeidende tyven.

Though often punished, Dub had pulled his weight without complaint.

Selv om Dub ofte ble straffet, hadde han holdt sitt strå uten å klage.

His injured shoulder grew worse without care or needed rest.

Den skadde skulderen hans ble verre uten pleie eller behov for hvile.

Finally, Hal used the revolver to end Dub's suffering.

Til slutt brukte Hal revolveren til å få slutt på Dubs lidelse.

A common saying claimed that normal dogs die on husky rations.

Et vanlig ordtak hevdet at vanlige hunder dør på husky-rasjoner.

Buck's six new companions had only half the husky's share of food.

Bucks seks nye følgesvenner fikk bare halvparten av huskyens andel av mat.

The Newfoundland died first, then the three short-haired pointers.

Newfoundlanderen døde først, deretter de tre korthårede pointerhundene.

The two mongrels held on longer but finally perished like the rest.

De to blandingsdyrene holdt ut lenger, men omkom til slutt i likhet med resten.

By this time, all the amenities and gentleness of the Southland were gone.

På dette tidspunktet var alle fasilitetene og den rolige atmosfæren i Sørlandet borte.

The three people had shed the last traces of their civilized upbringing.

De tre menneskene hadde lagt av seg de siste sporene av sin siviliserte oppvekst.

Stripped of glamour and romance, Arctic travel became brutally real.

Strippet for glamour og romantikk ble arktiske reiser brutalt virkelige.

It was a reality too harsh for their sense of manhood and womanhood.

Det var en virkelighet som var for hard for deres oppfatning av manndom og kvinnelighet.

Mercedes no longer wept for the dogs, but now wept only for herself.

Mercedes gråt ikke lenger over hundene, men nå gråt hun bare over seg selv.

She spent her time crying and quarreling with Hal and Charles.

Hun brukte tiden sin på å gråte og krangle med Hal og Charles.

Quarreling was the one thing they were never too tired to do.

Krangel var det eneste de aldri var for slitne til å gjøre.

Their irritability came from misery, grew with it, and surpassed it.

Irritabiliteten deres kom fra elendighet, vokste med den og overgikk den.

The patience of the trail, known to those who toil and suffer kindly, never came.

Tålmodigheten på stien, kjent for de som sliter og lider vennlig, kom aldri.

That patience, which keeps speech sweet through pain, was unknown to them.

Den tålmodigheten, som holder talen søt gjennom smerte, var ukjent for dem.

They had no hint of patience, no strength drawn from suffering with grace.

De hadde ikke et snev av tålmodighet, ingen styrke hentet fra lidelse med nåde.

They were stiff with pain—aching in their muscles, bones, and hearts.

De var stive av smerter – det var verk i muskler, bein og hjerter.

Because of this, they grew sharp of tongue and quick with harsh words.

På grunn av dette ble de skarpe i tungen og snar til harde ord.

Each day began and ended with angry voices and bitter complaints.

Hver dag begynte og sluttet med sinte stemmer og bitre klager.

Charles and Hal wrangled whenever Mercedes gave them a chance.

Charles og Hal kranglet hver gang Mercedes ga dem en sjanse.

Each man believed he did more than his fair share of the work.

Hver mann mente at han gjorde mer enn sin rettmessige andel av arbeidet.

Neither ever missed a chance to say so, again and again.

Ingen av dem gikk noen gang glipp av en sjanse til å si det, igjen og igjen.

Sometimes Mercedes sided with Charles, sometimes with Hal.

Noen ganger tok Mercedes parti med Charles, noen ganger med Hal.

This led to a grand and endless quarrel among the three.

Dette førte til en stor og endeløs krangel mellom de tre.

A dispute over who should chop firewood grew out of control.

En krangel om hvem som skulle hogge ved kom ut av kontroll.

Soon, fathers, mothers, cousins, and dead relatives were named.

Snart ble fedre, mødre, søskenbarn og avdøde slektninger navngitt.

Hal's views on art or his uncle's plays became part of the fight.

Hals syn på kunst eller onkelens skuespill ble en del av kampen.

Charles's political beliefs also entered the debate.

Charles' politiske overbevisninger kom også inn i debatten.

To Mercedes, even her husband's sister's gossip seemed relevant.

For Mercedes virket til og med sladderet fra ektemannens søster relevant.

She aired opinions on that and on many of Charles's family's flaws.

Hun luftet meninger om det og om mange av Charles' families feil.

While they argued, the fire stayed unlit and camp half set.

Mens de kranglet, forble bålet slukket og leiren halvveis satt opp.

Meanwhile, the dogs remained cold and without any food.

I mellomtiden forble hundene kalde og uten mat.

Mercedes held a grievance she considered deeply personal.

Mercedes hadde en klage hun anså som svært personlig.

She felt mistreated as a woman, denied her gentle privileges.

Hun følte seg dårlig behandlet som kvinne, nektet sine milde privilegier.

She was pretty and soft, and used to chivalry all her life.

Hun var pen og myk, og pleide å være ridderlig hele livet.

But her husband and brother now treated her with impatience.

Men mannen og broren hennes behandlet henne nå med utålmodighet.

Her habit was to act helpless, and they began to complain.

Hennes vane var å oppføre seg hjelpeløs, og de begynte å klage.

Offended by this, she made their lives all the more difficult.

Fornærmet av dette gjorde hun livene deres enda vanskeligere.

She ignored the dogs and insisted on riding the sled herself.

Hun ignorerte hundene og insisterte på å kjøre sleden selv.

Though light in looks, she weighed one hundred twenty pounds.

Selv om hun var lett av utseende, veide hun 45 kilo.

That added burden was too much for the starving, weak dogs.

Den ekstra byrden var for mye for de sultende, svake hundene.

Still, she rode for days, until the dogs collapsed in the reins.

Likevel red hun i dagevis, helt til hundene kollapset i tøylene.

The sled stood still, and Charles and Hal begged her to walk.

Sleden sto stille, og Charles og Hal tryglet henne om å gå.

They pleaded and entreated, but she wept and called them cruel.

De tryglet og tryglet, men hun gråt og kalte dem grusomme.

On one occasion, they pulled her off the sled with sheer force and anger.

Ved en anledning dro de henne av sleden med ren makt og sinne.

They never tried again after what happened that time.
De prøvde aldri igjen etter det som skjedde den gangen.
She went limp like a spoiled child and sat in the snow.
Hun slapp som et bortskjemt barn og satte seg i snøen.
They moved on, but she refused to rise or follow behind.
De gikk videre, men hun nektet å reise seg eller følge etter.
After three miles, they stopped, returned, and carried her back.
Etter tre mil stoppet de, returnerte og bar henne tilbake.
They reloaded her onto the sled, again using brute strength.
De lastet henne opp på sleden igjen, igjen med rå styrke.
In their deep misery, they were callous to the dogs' suffering.
I sin dype elendighet var de følelsesløse overfor hundenes lidelse.
Hal believed one must get hardened and forced that belief on others.
Hal mente at man måtte forherdes, og tvang den troen på andre.
He first tried to preach his philosophy to his sister
Han prøvde først å forkynne filosofien sin til søsteren sin
and then, without success, he preached to his brother-in-law.
og så, uten hell, prekte han for svogeren sin.
He had more success with the dogs, but only because he hurt them.
Han hadde mer suksess med hundene, men bare fordi han skadet dem.
At Five Fingers, the dog food ran out of food completely.
Hos Five Fingers gikk hundeforet helt tomt.
A toothless old squaw sold a few pounds of frozen horse-hide
En tannløs gammel squat solgte noen få kilo frossent hesteskinn
Hal traded his revolver for the dried horse-hide.
Hal byttet revolveren sin mot det tørkede hesteskinnet.
The meat had come from starved horses of cattlemen months before.

Kjøttet hadde kommet fra utsultede hester eller kvegoppdrettere måneder tidligere.

Frozen, the hide was like galvanized iron; tough and inedible.

Frossen var skinnet som galvanisert jern; seigt og uspiselig.

The dogs had to chew endlessly at the hide to eat it.

Hundene måtte tygge uendelig på skinnet for å spise det.

But the leathery strings and short hair were hardly nourishment.

Men de læraktige strengene og det korte håret var neppe næring.

Most of the hide was irritating, and not food in any true sense.

Det meste av skinnet var irriterende, og ikke mat i noen egentlig forstand.

And through it all, Buck staggered at the front, like in a nightmare.

Og gjennom alt dette sjanglet Buck foran, som i et mareritt.

He pulled when able; when not, he lay until whip or club raised him.

Han dro når han kunne; når han ikke kunne, lå han til pisken eller køllen løftet ham.

His fine, glossy coat had lost all stiffness and sheen it once had.

Den fine, blanke pelsen hans hadde mistet all stivhet og glans den en gang hadde.

His hair hung limp, draggled, and clotted with dried blood from the blows.

Håret hans hang slapp, bustete og klumpete av tørket blod etter slagene.

His muscles shrank to cords, and his flesh pads were all worn away.

Musklene hans krympet til strenger, og kjøttputene hans var slitt bort.

Each rib, each bone showed clearly through folds of wrinkled skin.

Hvert ribbein, hvert bein syntes tydelig gjennom folder av rynkete hud.

It was heartbreaking, yet Buck's heart could not break.

Det var hjerteskjærende, men Bucks hjerte kunne ikke knuses.

The man in the red sweater had tested that and proved it long ago.

Mannen i den røde genseren hadde testet det og bevist det for lenge siden.

As it was with Buck, so it was with all his remaining teammates.

Som det var med Buck, slik var det også med alle hans gjenværende lagkamerater.

There were seven in total, each one a walking skeleton of misery.

Det var sju totalt, hver av dem et vandrende skjelett av elendighet.

They had grown numb to lash, feeling only distant pain.

De hadde blitt numne til å piske, og følte bare fjern smerte.

Even sight and sound reached them faintly, as through a thick fog.

Selv syn og lyd nådde dem svakt, som gjennom en tett tåke.

They were not half alive—they were bones with dim sparks inside.

De var ikke halvt levende – de var bein med svake gnister inni.

When stopped, they collapsed like corpses, their sparks almost gone.

Da de stoppet, kollapset de som lik, gnistene nesten borte.

And when the whip or club struck again, the sparks fluttered weakly.

Og når pisken eller køllen slo igjen, blafret gnistene svakt.

Then they rose, staggered forward, and dragged their limbs ahead.

Så reiste de seg, sjanglet fremover og dro lemmene sine fremover.

One day kind Billee fell and could no longer rise at all.

En dag falt den snille Billee og kunne ikke reise seg i det hele tatt.

Hal had traded his revolver, so he used an axe to kill Billee instead.

Hal hadde byttet revolveren sin, så han brukte en øks til å drepe Billee i stedet.

He struck him on the head, then cut his body free and dragged it away.

Han slo ham i hodet, skar deretter løs kroppen hans og dro den bort.

Buck saw this, and so did the others; they knew death was near.

Buck så dette, og det gjorde de andre også; de visste at døden var nær.

Next day Koona went, leaving just five dogs in the starving team.

Neste dag dro Koona, og etterlot bare fem hunder i det sultende spannet.

Joe, no longer mean, was too far gone to be aware of much at all.

Joe, ikke lenger slem, var for langt borte til å være klar over stort i det hele tatt.

Pike, no longer faking his injury, was barely conscious.

Pike, som ikke lenger latet som om han var skadet, var knapt bevisst.

Solleks, still faithful, mourned he had no strength to give.

Solleks, fortsatt trofast, sørget over at han ikke hadde styrke til å gi.

Teek was beaten most because he was fresher, but fading fast.

Teek ble slått mest fordi han var friskere, men forsvant raskt.

And Buck, still in the lead, no longer kept order or enforced it.

Og Buck, fortsatt i ledelsen, opprettholdt eller håndhevet ikke lenger orden.

Half blind with weakness, Buck followed the trail by feel alone.

Halvblind av svakhet fulgte Buck sporet alene på følelsen.

It was beautiful spring weather, but none of them noticed it.

Det var nydelig vårvær, men ingen av dem la merke til det.

Each day the sun rose earlier and set later than before.

Hver dag sto solen opp tidligere og gikk ned senere enn før.

By three in the morning, dawn had come; twilight lasted till nine.

Klokken tre om morgenen kom daggryet, og skumringen varte til klokken ni.

The long days were filled with the full blaze of spring sunshine.

De lange dagene var fylt med den fulle strålen av vårsol.

The ghostly silence of winter had changed into a warm murmur.

Vinterens spøkelsesaktige stillhet hadde forvandlet seg til en varm mumling.

All the land was waking, alive with the joy of living things.

Hele landet våknet, levende av gleden over levende vesener.

The sound came from what had lain dead and still through winter.

Lyden kom fra det som hadde ligget dødt og stille gjennom vinteren.

Now, those things moved again, shaking off the long frost sleep.

Nå beveget disse tingene seg igjen og ristet av seg den lange frostsøvnen.

Sap was rising through the dark trunks of the waiting pine trees.

Sevje steg opp gjennom de mørke stammene til de ventende furutrærne.

Willows and aspens burst out bright young buds on each twig.

Piletrær og osp får lyse, unge knopper på hver kvist.

Shrubs and vines put on fresh green as the woods came alive.

Busker og slyngplanter fikk friskt grønt idet skogen våknet til liv.

Crickets chirped at night, and bugs crawled in daylight sun.
Sirisser kvitret om natten, og insekter krøp i dagslyssolen.
Partridges boomed, and woodpeckers knocked deep in the trees.
Rapphønsene dundret, og hakkespetter banket dypt oppe i trærne.
Squirrels chattered, birds sang, and geese honked over the dogs.
Ekorn klukket, fugler sang, og gjess tutet over hundene.
The wild-fowl came in sharp wedges, flying up from the south.
Villfuglene kom i skarpe flokker, fløyende opp fra sør.
From every hillside came the music of hidden, rushing streams.
Fra hver åsside kom musikken fra skjulte, brusende bekker.
All things thawed and snapped, bent and burst back into motion.
Alt tint og knakk, bøyde seg og brast i bevegelse igjen.
The Yukon strained to break the cold chains of frozen ice.
Yukon anstrengte seg for å bryte de kalde kjedene av frossen is.
The ice melted underneath, while the sun melted it from above.
Isen smeltet under, mens solen smeltet den ovenfra.
Air-holes opened, cracks spread, and chunks fell into the river.
Lufthull åpnet seg, sprekker spredte seg, og biter falt ned i elven.
Amid all this bursting and blazing life, the travelers staggered.
Midt i alt dette sprudlende og flammende livet vaklet de reisende.
Two men, a woman, and a pack of huskies walked like the dead.
To menn, en kvinne og en flokk huskyer gikk som døde.
The dogs were falling, Mercedes wept, but still rode the sled.

Hundene falt, Mercedes gråt, men kjørte fortsatt sleden.

Hal cursed weakly, and Charles blinked through watering eyes.

Hal bannet svakt, og Charles blunket gjennom rennende øyne.

They stumbled into John Thornton's camp by White River's mouth.

De snublet inn i John Thorntons leir ved White Rivers munning.

When they stopped, the dogs dropped flat, as if all struck dead.

Da de stoppet, falt hundene flate, som om alle hadde slått døde.

Mercedes wiped her tears and looked across at John Thornton.

Mercedes tørket tårene og så bort på John Thornton.

Charles sat on a log, slowly and stiffly, aching from the trail.

Charles satt på en tømmerstokk, sakte og stivt, verkende etter stien.

Hal did the talking as Thornton carved the end of an axe-handle.

Hal snakket mens Thornton skar ut enden av et økseskaft.

He whittled birch wood and answered with brief, firm replies.

Han hogde bjørkeved og svarte med korte, bestemte svar.

When asked, he gave advice, certain it wasn't going to be followed.

Da han ble spurt, ga han råd, sikker på at det ikke kom til å bli fulgt.

Hal explained, "They told us the trail ice was dropping out."

Hal forklarte: «De fortalte oss at isen på stien var i ferd med å falle av.»

"They said we should stay put—but we made it to White River."

«De sa at vi skulle bli her – men vi kom oss til White River.»

He ended with a sneering tone, as if to claim victory in hardship.

Han avsluttet med en hånlig tone, som for å hevde seier i motgang.

"And they told you true," John Thornton answered Hal quietly.

«Og de fortalte deg sant», svarte John Thornton stille til Hal.

"The ice may give way at any moment—it's ready to drop out."

«Isen kan gi etter når som helst – den er klar til å falle av.»

"Only blind luck and fools could have made it this far alive."

«Bare blind flaks og dårer kunne ha kommet så langt i live.»

"I tell you straight, I wouldn't risk my life for all Alaska's gold."

«Jeg sier deg rett ut, jeg ville ikke risikere livet mitt for alt gullet i Alaska.»

"That's because you're not a fool, I suppose," Hal answered.

«Det er fordi du ikke er en tosk, antar jeg», svarte Hal.

"All the same, we'll go on to Dawson." He uncoiled his whip.

«Likevel går vi videre til Dawson.» Han viklet ut pisken.

"Get up there, Buck! Hi! Get up! Go on!" he shouted harshly.

«Kom deg opp, Buck! Hei! Kom deg opp! Kom igjen!» ropte han hardt.

Thornton kept whittling, knowing fools won't hear reason.

Thornton fortsatte å snike, vel vitende om at dårer ikke vil høre på fornuft.

To stop a fool was futile—and two or three fooled changed nothing.

Å stoppe en tosk var nytteløst – og to eller tre narrede forandret ingenting.

But the team didn't move at the sound of Hal's command.

Men laget rørte seg ikke ved lyden av Hals kommando.

By now, only blows could make them rise and pull forward.

Nå var det bare slag som kunne få dem til å reise seg og trekke seg fremover.

The whip snapped again and again across the weakened dogs.

Pisken smalt igjen og igjen over de svekkede hundene.

John Thornton pressed his lips tightly and watched in silence.

John Thornton presset leppene tett sammen og så på i stillhet.

Solleks was the first to crawl to his feet under the lash.

Solleks var den første som krøp opp på beina under piskingen.

Then Teek followed, trembling. Joe yelped as he stumbled up.

Så fulgte Teek etter, skjelvende. Joe hylte idet han snublet opp.

Pike tried to rise, failed twice, then finally stood unsteadily.

Pike prøvde å reise seg, mislyktes to ganger, og sto til slutt ustø.

But Buck lay where he had fallen, not moving at all this time.

Men Buck lå der han hadde falt, og rørte seg ikke i det hele tatt denne gangen.

The whip slashed him over and over, but he made no sound.

Pisken slo ham om og om igjen, men han lagde ingen lyd.

He did not flinch or resist, simply remained still and quiet.

Han verken rykket til eller gjorde motstand, bare forble stille og rolig.

Thornton stirred more than once, as if to speak, but didn't.

Thornton rørte på seg mer enn én gang, som for å snakke, men gjorde det ikke.

His eyes grew wet, and still the whip cracked against Buck.

Øynene hans ble våte, og pisken smalt fortsatt mot Buck.

At last, Thornton began pacing slowly, unsure of what to do.

Endelig begynte Thornton å gå sakte frem og tilbake, usikker på hva han skulle gjøre.

It was the first time Buck had failed, and Hal grew furious.

Det var første gang Buck hadde mislyktes, og Hal ble rasende.

He threw down the whip and picked up the heavy club instead.

Han kastet pisken og plukket opp den tunge køllen i stedet.

The wooden club came down hard, but Buck still did not rise to move.

Trekøllen falt hardt ned, men Buck reiste seg fortsatt ikke for å røre seg.

Like his teammates, he was too weak—but more than that.

I likhet med lagkameratene var han for svak – men mer enn det.

Buck had decided not to move, no matter what came next.

Buck hadde bestemt seg for ikke å flytte, uansett hva som skjedde etterpå.

He felt something dark and certain hovering just ahead.

Han følte noe mørkt og sikkert sveve rett foran ham.

That dread had seized him as soon as he reached the riverbank.

Den frykten hadde grepet ham så snart han nådde elvebredden.

The feeling had not left him since he felt the ice thin under his paws.

Følelsen hadde ikke forlatt ham siden han kjente isen tynne under potene.

Something terrible was waiting—he felt it just down the trail.

Noe forferdelig ventet – han kjente det rett nede langs stien.

He wasn't going to walk towards that terrible thing ahead

Han hadde ikke tenkt å gå mot den forferdelige tingen foran seg.

He was not going to obey any command that took him to that thing.

Han kom ikke til å adlyde noen kommando som førte ham til den tingen.

The pain of the blows hardly touched him now—he was too far gone.

Smerten fra slagene berørte ham knapt nå – han var for langt borte.

The spark of life flickered low, dimmed beneath each cruel strike.

Livsgnisten blafret lavt, dempet under hvert grusomme slag.

His limbs felt distant; his whole body seemed to belong to another.

Lemmene hans føltes fjerne; hele kroppen hans syntes å tilhøre en annen.

He felt a strange numbness as the pain faded out completely.

Han kjente en merkelig nummenhet idet smerten forsvant helt.

From far away, he sensed he was being beaten, but barely knew.

Langt unna følte han at han ble slått, men han visste det knapt.

He could hear the thuds faintly, but they no longer truly hurt.

Han kunne høre dunkene svakt, men de gjorde ikke lenger ordentlig vondt.

The blows landed, but his body no longer seemed like his own.

Slagene traff, men kroppen hans føltes ikke lenger som sin egen.

Then suddenly, without warning, John Thornton gave a wild cry.

Så plutselig, uten forvarsel, hylte John Thornton et vilt skrik.

It was inarticulate, more the cry of a beast than of a man.

Det var uartikulert, mer skriket fra et dyr enn fra et menneske.

He leapt at the man with the club and knocked Hal backward.

Han hoppet mot mannen med køllen og slo Hal bakover.

Hal flew as if struck by a tree, landing hard upon the ground.

Hal fløy som om han var blitt truffet av et tre og landet hardt på bakken.

Mercedes screamed aloud in panic and clutched at her face.

Mercedes skrek høyt i panikk og klamret seg til ansiktet hennes.

Charles only looked on, wiped his eyes, and stayed seated.

Charles bare så på, tørket øynene og ble sittende.

His body was too stiff with pain to rise or help in the fight.

Kroppen hans var for stiv av smerter til å reise seg eller hjelpe til i kampen.

Thornton stood over Buck, trembling with fury, unable to speak.

Thornton sto over Buck, skjelvende av raseri, ute av stand til å snakke.

He shook with rage and fought to find his voice through it.

Han skalv av raseri og kjempet for å finne stemmen sin gjennom det.

"If you strike that dog again, I'll kill you," he finally said.

«Hvis du slår den hunden igjen, dreper jeg deg», sa han til slutt.

Hal wiped blood from his mouth and came forward again.

Hal tørket blodet av munnen og kom frem igjen.

"It's my dog," he muttered. "Get out of the way, or I'll fix you."

«Det er hunden min», mumlet han. «Kom deg unna, ellers fikser jeg deg.»

"I'm going to Dawson, and you're not stopping me," he added.

«Jeg skal til Dawson, og du stopper meg ikke», la han til.

Thornton stood firm between Buck and the angry young man.

Thornton sto stødig mellom Buck og den sinte unge mannen.

He had no intention of stepping aside or letting Hal pass.

Han hadde ingen intensjon om å tre til side eller la Hal gå forbi.

Hal pulled out his hunting knife, long and dangerous in hand.

Hal dro frem jaktkniven sin, lang og farlig i hånden.

Mercedes screamed, then cried, then laughed in wild hysteria.

Mercedes skrek, så gråt, så lo hun i vill hysteri.

Thornton struck Hal's hand with his axe-handle, hard and fast.

Thornton slo Hals hånd med økseskaftet, hardt og raskt.

The knife was knocked loose from Hal's grip and flew to the ground.

Kniven ble slått løs fra Hals grep og fløy i bakken.

Hal tried to pick the knife up, and Thornton rapped his knuckles again.

Hal prøvde å plukke opp kniven, og Thornton banket seg på knokene igjen.

Then Thornton stooped down, grabbed the knife, and held it.

Så bøyde Thornton seg ned, grep kniven og holdt den.

With two quick chops of the axe-handle, he cut Buck's reins.

Med to raske hugg med økseskaftet hogg han av Bucks tøyler.

Hal had no fight left in him and stepped back from the dog.

Hal hadde ikke mer kampvilje i seg og trakk seg tilbake fra hunden.

Besides, Mercedes needed both arms now to keep her upright.

Dessuten trengte Mercedes begge armene nå for å holde seg oppreist.

Buck was too near death to be of use for pulling a sled again.

Buck var for nær døden til å være til nytte for å trekke en slede igjen.

A few minutes later, they pulled out, heading down the river.

Noen minutter senere dro de ut og satte kursen nedover elven.

Buck raised his head weakly and watched them leave the bank.

Buck løftet hodet svakt og så dem forlate banken.

Pike led the team, with Solleks at the rear in the wheel spot.

Pike ledet laget, med Solleks bakerst i rattet.

Joe and Teek walked between, both limping with exhaustion.

Joe og Teek gikk mellom dem, begge haltende av utmattelse.

Mercedes sat on the sled, and Hal gripped the long gee-pole.

Mercedes satte seg på sleden, og Hal grep tak i den lange gee-stangen.

Charles stumbled behind, his steps clumsy and uncertain.

Charles snublet bak, med klønete og usikre skritt.

Thornton knelt by Buck and gently felt for broken bones.

Thornton knelte ved siden av Buck og kjente forsiktig etter brukne bein.

His hands were rough but moved with kindness and care.

Hendene hans var ru, men beveget seg med vennlighet og omsorg.

Buck's body was bruised but showed no lasting injury.

Bucks kropp var forslått, men viste ingen varige skader.

What remained was terrible hunger and near-total weakness.

Det som var igjen var forferdelig sult og nesten total svakhet.

By the time this was clear, the sled had gone far downriver.

Da dette var klart, hadde sleden gått langt nedover elva.

Man and dog watched the sled slowly crawl over the cracking ice.

Mann og hund så sleden sakte krype over den knakende isen.

Then, they saw the sled sink down into a hollow.

Så så de sleden synke ned i en fordypning.

The gee-pole flew up, with Hal still clinging to it in vain.

Gee-stangen fløy opp, og Hal klamret seg fortsatt forgjeves til den.

Mercedes's scream reached them across the cold distance.

Mercedes' skrik nådde dem over den kalde avstanden.

Charles turned and stepped back—but he was too late.

Charles snudde seg og tok et skritt tilbake – men han var for sent ute.

A whole ice sheet gave way, and they all dropped through.

En hel isflak ga etter, og de falt alle gjennom.

Dogs, sled, and people vanished into the black water below.

Hunder, slede og mennesker forsvant ned i det svarte vannet nedenfor.

Only a wide hole in the ice was left where they had passed.

Bare et bredt hull i isen var igjen der de hadde passert.

The trail's bottom had dropped out—just as Thornton warned.

Bunnen av stien hadde falt ut – akkurat som Thornton advarte.

Thornton and Buck looked at one another, silent for a moment.

Thornton og Buck så tause på hverandre et øyeblikk.
"You poor devil," said Thornton softly, and Buck licked his hand.
«Din stakkars djevel,» sa Thornton lavt, og Buck slikket seg på hånden.

For the Love of a Man
For kjærligheten til en mann

John Thornton froze his feet in the cold of the previous December.

John Thornton frøs føttene i kulden i desember før.

His partners made him comfortable and left him to recover alone.

Partnerne hans sørget for at han var komfortabel og lot ham komme seg alene.

They went up the river to gather a raft of saw-logs for Dawson.

De dro oppover elven for å samle en flåte med sagstokker til Dawson.

He was still limping slightly when he rescued Buck from death.

Han haltet fortsatt litt da han reddet Buck fra døden.

But with warm weather continuing, even that limp disappeared.

Men med det fortsatte varme været, forsvant selv den haltingen.

Lying by the riverbank during long spring days, Buck rested.

Buck hvilte mens han lå ved elvebredden i løpet av lange vårdager.

He watched the flowing water and listened to birds and insects.

Han så på det rennende vannet og lyttet til fugler og insekter.

Slowly, Buck regained his strength under the sun and sky.

Sakte men sikkert gjenvant Buck kreftene sine under solen og himmelen.

A rest felt wonderful after traveling three thousand miles.

En hvile føltes fantastisk etter å ha reist tre tusen mil.

Buck became lazy as his wounds healed and his body filled out.

Buck ble lat etter hvert som sårene hans grodde og kroppen hans fyltes opp.

His muscles grew firm, and flesh returned to cover his bones.
Musklene hans ble faste, og kjøttet dekket knoklene hans igjen.

They were all resting—Buck, Thornton, Skeet, and Nig.
De hvilte alle – Buck, Thornton, Skeet og Nig.

They waited for the raft that was going to carry them down to Dawson.
De ventet på flåten som skulle frakte dem ned til Dawson.

Skeet was a small Irish setter who made friends with Buck.
Skeet var en liten irsk setter som ble venner med Buck.

Buck was too weak and ill to resist her at their first meeting.
Buck var for svak og syk til å motstå henne ved deres første møte.

Skeet had the healer trait that some dogs naturally possess.
Skeet hadde den helbredende egenskapen som noen hunder naturlig har.

Like a mother cat, she licked and cleaned Buck's raw wounds.
Som en kattemor slikket og renset hun Bucks sår.

Every morning after breakfast, she repeated her careful work.
Hver morgen etter frokost gjentok hun sitt nøye arbeid.

Buck came to expect her help as much as he did Thornton's.
Buck forventet hennes hjelp like mye som han forventet Thorntons hjelp.

Nig was friendly too, but less open and less affectionate.
Nig var også vennlig, men mindre åpen og mindre hengiven.

Nig was a big black dog, part bloodhound and part deerhound.
Nig var en stor svart hund, delvis blodhund og delvis hjortehund.

He had laughing eyes and endless good nature in his spirit.
Han hadde leende øyne og en uendelig godhet i sinnet sitt.

To Buck's surprise, neither dog showed jealousy toward him.

Til Bucks overraskelse viste ingen av hundene sjalusi mot
ham.

Both Skeet and Nig shared the kindness of John Thornton.

Både Skeet og Nig delte John Thorntons vennlighet.

As Buck got stronger, they lured him into foolish dog games.

Etter hvert som Buck ble sterkere, lokket de ham med på
tåpelige hundeleker.

**Thornton often played with them too, unable to resist their
joy.**

Thornton lekte ofte med dem også, ute av stand til å motstå
gleden deres.

In this playful way, Buck moved from illness to a new life.

På denne lekne måten gikk Buck fra sykdom til et nytt liv.

Love—true, burning, and passionate love—was his at last.

Kjærligheten – ekte, brennende og lidenskapelig kjærlighet –
var endelig hans.

He had never known this kind of love at Miller's estate.

Han hadde aldri kjent denne typen kjærlighet på Millers
eiendom.

With the Judge's sons, he had shared work and adventure.

Med dommerens sønner hadde han delt arbeid og eventyr.

With the grandsons, he saw stiff and boastful pride.

Hos barnebarna så han stiv og skrytende stolthet.

With Judge Miller himself, he had a respectful friendship.

Med dommer Miller selv hadde han et respektfullt vennskap.

**But love that was fire, madness, and worship came with
Thornton.**

Men kjærlighet som var ild, galskap og tilbedelse kom med
Thornton.

**This man had saved Buck's life, and that alone meant a great
deal.**

Denne mannen hadde reddet Bucks liv, og det alene betydde
mye.

**But more than that, John Thornton was the ideal kind of
master.**

Men mer enn det, var John Thornton den ideelle typen mester.

Other men cared for dogs out of duty or business necessity.

Andre menn tok seg av hunder av plikt eller forretningsmessig nødvendighet.

John Thornton cared for his dogs as if they were his children.

John Thornton tok vare på hundene sine som om de var barna hans.

He cared for them because he loved them and simply could not help it.

Han brydde seg om dem fordi han elsket dem og rett og slett ikke kunne noe for det.

John Thornton saw even further than most men ever managed to see.

John Thornton så enda lenger enn de fleste menn noen gang klarte å se.

He never forgot to greet them kindly or speak a cheering word.

Han glemte aldri å hilse vennlig på dem eller si et oppmuntrende ord.

He loved sitting down with the dogs for long talks, or "gassy," as he said.

Han elsket å sitte ned med hundene for lange samtaler, eller «gassy», som han sa.

He liked to seize Buck's head roughly between his strong hands.

Han likte å gripe Bucks hode hardt mellom sine sterke hender.

Then he rested his own head against Buck's and shook him gently.

Så hvilte han hodet mot Bucks og ristet ham forsiktig.

All the while, he called Buck rude names that meant love to Buck.

Hele tiden kalte han Buck frekke navn som betydde kjærlighet for Buck.

To Buck, that rough embrace and those words brought deep joy.

For Buck brakte den harde omfavnelsen og de ordene dyp glede.

His heart seemed to shake loose with happiness at each movement.

Hjertet hans syntes å riste løs av lykke ved hver bevegelse.

When he sprang up afterward, his mouth looked like it laughed.

Da han spratt opp etterpå, så det ut som om munnen hans lo.

His eyes shone brightly and his throat trembled with unspoken joy.

Øynene hans skinte klart, og halsen hans skalv av uuttalt glede.

His smile stood still in that state of emotion and glowing affection.

Smilet hans sto stille i den følelsesmessige og glødende hengivenheten.

Then Thornton exclaimed thoughtfully, "God! he can almost speak!"

Så utbrøt Thornton tankefullt: «Herregud! han kan nesten snakke!»

Buck had a strange way of expressing love that nearly caused pain.

Buck hadde en merkelig måte å uttrykke kjærlighet på som nesten forårsaket smerte.

He often griped Thornton's hand in his teeth very tightly.

Han grep ofte Thorntons hånd veldig hardt mellom tennene.

The bite was going to leave deep marks that stayed for some time after.

Bittet kom til å sette dype spor som ble værende en stund etterpå.

Buck believed those oaths were love, and Thornton knew the same.

Buck trodde at disse edene var kjærlighet, og Thornton visste det samme.

Most often, Buck's love showed in quiet, almost silent adoration.

Som oftest viste Bucks kjærlighet seg i stille, nesten stille tilbedelse.

Though thrilled when touched or spoken to, he did not seek attention.

Selv om han ble begeistret når han ble berørt eller snakket til, søkte han ikke oppmerksomhet.

Skeet nudged her nose under Thornton's hand until he petted her.

Skeet dyttet nesen sin under Thorntons hånd til han klappet henne.

Nig walked up quietly and rested his large head on Thornton's knee.

Nig gikk stille bort og hvilte sitt store hode på Thorntons kne.

Buck, in contrast, was satisfied to love from a respectful distance.

Buck, derimot, var fornøyd med å elske fra en respektfull avstand.

He lied for hours at Thornton's feet, alert and watching closely.

Han lå i timevis ved Thorntons føtter, årvåken og observerende.

Buck studied every detail of his master's face and slightest motion.

Buck studerte hver eneste detalj i sin herres ansikt og minste bevegelse.

Or lied farther away, studying the man's shape in silence.

Eller løy lenger unna, og studerte mannens skikkelse i stillhet.

Buck watched each small move, each shift in posture or gesture.

Buck så på hver lille bevegelse, hver endring i holdning eller gest.

So powerful was this connection that often pulled Thornton's gaze.

Denne forbindelsen var så sterk at den ofte fanget Thorntons blikk.

He met Buck's eyes with no words, love shining clearly through.

Han møtte Bucks blikk uten ord, kjærligheten skinte klart gjennom.

For a long while after being saved, Buck never let Thornton out of sight.

I lang tid etter at han ble reddet, lot Buck aldri Thornton være ute av syne.

Whenever Thornton left the tent, Buck followed him closely outside.

Hver gang Thornton forlot teltet, fulgte Buck ham tett ut.

All the harsh masters in the Northland had made Buck afraid to trust.

Alle de harde herrene i Nordlandet hadde gjort Buck redd for å stole på ham.

He feared no man could remain his master for more than a short time.

Han fryktet at ingen mann kunne forbli hans herre i mer enn en kort tid.

He feared John Thornton was going to vanish like Perrault and François.

Han fryktet at John Thornton kom til å forsvinne i likhet med Perrault og François.

Even at night, the fear of losing him haunted Buck's restless sleep.

Selv om natten hjemsøkte frykten for å miste ham Bucks urolige søvn.

When Buck woke, he crept out into the cold, and went to the tent.

Da Buck våknet, krøp han ut i kulden og gikk til teltet.

He listened carefully for the soft sound of breathing inside.

Han lyttet nøye etter den myke lyden av pust inni seg.

Despite Buck's deep love for John Thornton, the wild stayed alive.

Til tross for Bucks dype kjærlighet til John Thornton, holdt villmarken seg i live.

That primitive instinct, awakened in the North, did not disappear.

Det primitive instinktet, vekket i Nord, forsvant ikke.

Love brought devotion, loyalty, and the fire-side's warm bond.

Kjærlighet brakte hengivenhet, lojalitet og peisens varme bånd.

But Buck also kept his wild instincts, sharp and ever alert.

Men Buck beholdt også sine ville instinkter, skarpe og alltid årvåkne.

He was not just a tamed pet from the soft lands of civilization.

Han var ikke bare et temmet kjæledyr fra sivilisasjonens myke land.

Buck was a wild being who had come in to sit by Thornton's fire.

Buck var et villvesen som hadde kommet inn for å sitte ved Thorntons bål.

He looked like a Southland dog, but wildness lived within him.

Han så ut som en sørlandshund, men det levde villskap i ham.

His love for Thornton was too great to allow theft from the man.

Hans kjærlighet til Thornton var for stor til å tillate tyveri fra mannen.

But in any other camp, he would steal boldly and without pause.

Men i enhver annen leir ville han stjele frimodig og uten stopp.

He was so clever in stealing that no one could catch or accuse him.

Han var så lur i å stjele at ingen kunne fange eller anklage ham.

His face and body were covered in scars from many past fights.

Ansiktet og kroppen hans var dekket av arr fra mange tidligere kamper.

Buck still fought fiercely, but now he fought with more cunning.

Buck kjempet fortsatt voldsomt, men nå kjempet han med mer list.

Skeet and Nig were too gentle to fight, and they were Thornton's.

Skeet og Nig var for snille til å slåss, og de var Thorntons.

But any strange dog, no matter how strong or brave, gave way.

Men enhver fremmed hund, uansett hvor sterk eller modig den var, ga etter.

Otherwise, the dog found itself battling Buck; fighting for its life.

Ellers måtte hunden kjempe mot Buck; kjempe for livet sitt.

Buck had no mercy once he chose to fight against another dog.

Buck viste ingen nåde da han valgte å kjempe mot en annen hund.

He had learned well the law of club and fang in the Northland.

Han hadde lært seg loven om kølle og hoggtenner godt i Nordlandet.

He never gave up an advantage and never backed away from battle.

Han ga aldri fra seg et forsprang og trakk seg aldri tilbake fra kamp.

He had studied Spitz and the fiercest dogs of mail and police.

Han hadde studert spisshund og de mest voldsomme post- og politihundene.

He knew clearly there was no middle ground in wild combat.

Han visste tydelig at det ikke fantes noen mellomvei i vill kamp.

He must rule or be ruled; showing mercy meant showing weakness.

Han måtte herske eller bli styrt; å vise barmhjertighet betydde å vise svakhet.

Mercy was unknown in the raw and brutal world of survival.

Barmhjertighet var ukjent i den rå og brutale overlevelsesverdenen.

To show mercy was seen as fear, and fear led quickly to death.

Å vise barmhjertighet ble sett på som frykt, og frykt førte raskt til døden.

The old law was simple: kill or be killed, eat or be eaten.

Den gamle loven var enkel: drep eller bli drept, spis eller bli spist.

That law came from the depths of time, and Buck followed it fully.

Den loven kom fra tidens dyp, og Buck fulgte den fullt ut.

Buck was older than his years and the number of breaths he took.

Buck var eldre enn årene han var og antall åndedrag han tok.

He connected the ancient past with the present moment clearly.

Han koblet den gamle fortiden tydelig til nåtiden.

The deep rhythms of the ages moved through him like the tides.

Tidenes dype rytmer beveget seg gjennom ham som tidevannet.

Time pulsed in his blood as surely as seasons moved the earth.

Tiden pulserte i blodet hans like sikkert som årstidene beveget jorden.

He sat by Thornton's fire, strong-chested and white-fanged.

Han satt ved Thorntons peis, med kraftig bryst og hvite hoggtenner.

His long fur waved, but behind him the spirits of wild dogs watched.

Den lange pelsen hans blafret, men bak ham så ville hunders ånder på.

Half-wolves and full wolves stirred within his heart and senses.

Halvulver og hele ulver rørte seg i hjertet og sansene hans.

They tasted his meat and drank the same water that he did.

De smakte på kjøttet hans og drakk det samme vannet som han gjorde.

They sniffed the wind alongside him and listened to the forest.

De snuste i vinden ved siden av ham og lyttet til skogen.

They whispered the meanings of the wild sounds in the darkness.

De hvisket betydningen av de ville lydene i mørket.

They shaped his moods and guided each of his quiet reactions.

De formet humøret hans og styrte hver av hans stille reaksjoner.

They lay with him as he slept and became part of his deep dreams.

De lå hos ham mens han sov, og ble en del av hans dype drømmer.

They dreamed with him, beyond him, and made up his very spirit.

De drømte med ham, forbi ham, og skapte selve hans ånd.

The spirits of the wild called so strongly that Buck felt pulled.

Villmarkens ånder ropte så sterkt at Buck følte seg dratt.

Each day, mankind and its claims grew weaker in Buck's heart.

Hver dag ble menneskeheten og dens krav svakere i Bucks hjerte.

Deep in the forest, a strange and thrilling call was going to rise.

Dypt inne i skogen skulle et merkelig og spennende rop komme.

Every time he heard the call, Buck felt an urge he could not resist.

Hver gang han hørte kallet, følte Buck en trang han ikke kunne motstå.

He was going to turn from the fire and from the beaten human paths.

Han skulle vende seg bort fra ilden og bort fra de opptråkkede menneskeveiene.

He was going to plunge into the forest, going forward without knowing why.

Han skulle til å stupe inn i skogen, fortsette uten å vite hvorfor.

He did not question this pull, for the call was deep and powerful.

Han stilte ikke spørsmål ved denne tiltrekningen, for kallet var dypt og kraftfullt.

Often, he reached the green shade and soft untouched earth

Ofte nådde han den grønne skyggen og den myke, uberørte jorden

But then the strong love for John Thornton pulled him back to the fire.

Men så trakk den sterke kjærligheten til John Thornton ham tilbake til ilden.

Only John Thornton truly held Buck's wild heart in his grasp.

Bare John Thornton holdt virkelig Bucks ville hjerte i sitt grep.

The rest of mankind had no lasting value or meaning to Buck.

Resten av menneskeheten hadde ingen varig verdi eller mening for Buck.

Strangers might praise him or stroke his fur with friendly hands.

Fremmede kan rose ham eller stryke pelsen hans med vennlige hender.

Buck remained unmoved and walked off from too much affection.

Buck forble urørt og gikk sin vei på grunn av for mye hengivenhet.

Hans and Pete arrived with the raft that had long been awaited

Hans og Pete ankom med flåten som lenge hadde vært etterlengtet

Buck ignored them until he learned they were close to Thornton.

Buck ignorerte dem helt til han fikk vite at de var i nærheten av Thornton.

After that, he tolerated them, but never showed them full warmth.

Etter det tolererte han dem, men viste dem aldri full varme.

He took food or kindness from them as if doing them a favor.

Han tok imot mat eller vennlighet fra dem som om han gjorde dem en tjeneste.

They were like Thornton—simple, honest, and clear in thought.

De var som Thornton – enkle, ærlige og klare i tankene.

All together they traveled to Dawson's saw-mill and the great eddy

Alle sammen reiste de til Dawsons sagbruk og den store virvelen

On their journey the learned to understand Buck's nature deeply.

På reisen lærte de å forstå Bucks natur dypt.

They did not try to grow close like Skeet and Nig had done.

De prøvde ikke å komme nærmere hverandre slik Skeet og Nig hadde gjort.

But Buck's love for John Thornton only deepened over time.

Men Bucks kjærlighet til John Thornton ble bare dypere over tid.

Only Thornton could place a pack on Buck's back in the summer.

Bare Thornton kunne legge en pakke på Bucks rygg om sommeren.

Whatever Thornton commanded, Buck was willing to do fully.

Uansett hva Thornton beordret, var Buck villig til å gjøre fullt ut.

One day, after they left Dawson for the headwaters of the Tanana,

En dag, etter at de forlot Dawson for å dra til Tanana-elvens kilder,

the group sat on a cliff that dropped three feet to bare bedrock.

Gruppen satt på en klippe som falt en meter ned til bart fjellgrunn.

John Thornton sat near the edge, and Buck rested beside him.

John Thornton satt nær kanten, og Buck hvilte ved siden av ham.

Thornton had a sudden thought and called the men's attention.

Thornton fikk en plutselig tanke og tiltrakk seg mennenes oppmerksomhet.

He pointed across the chasm and gave Buck a single command.

Han pekte over kløften og ga Buck én kommando.

"Jump, Buck!" he said, swinging his arm out over the drop.

«Hopp, Buck!» sa han og svingte armen ut over stupet.

In a moment, he had to grab Buck, who was leaping to obey.

I et øyeblikk måtte han gripe tak i Buck, som spratt for å adlyde.

Hans and Pete rushed forward and pulled both back to safety.

Hans og Pete løp frem og dro begge tilbake i sikkerhet.

After all ended, and they had caught their breath, Pete spoke up.

Etter at alt var over, og de hadde fått igjen pusten, tok Pete til orde.

"The love's uncanny," he said, shaken by the dog's fierce devotion.

«Kjærligheten er uhyggelig», sa han, rystet av hundens voldsomme hengivenhet.

Thornton shook his head and replied with calm seriousness.

Thornton ristet på hodet og svarte med rolig alvor.

"No, the love is splendid," he said, "but also terrible."

«Nei, kjærligheten er fantastisk», sa han, «men også forferdelig.»

"Sometimes, I must admit, this kind of love makes me afraid."

«Noen ganger må jeg innrømme at denne typen kjærlighet gjør meg redd.»

Pete nodded and said, "I'd hate to be the man who touches you."

Pete nikket og sa: «Jeg ville hate å være mannen som rører deg.»

He looked at Buck as he spoke, serious and full of respect.

Han så på Buck mens han snakket, alvorlig og full av respekt.

"Py Jingo!" said Hans quickly. "Me either, no sir."

«Py Jingo!» sa Hans raskt. «Jeg heller ikke, nei, sir.»

Before the year ended, Pete's fears came true at Circle City.

Før året var omme, gikk Petes frykt i oppfyllelse i Circle City.

A cruel man named Black Burton picked a fight in the bar.

En grusom mann ved navn Black Burton startet en slåsskamp i baren.

He was angry and malicious, lashing out at a new tenderfoot.

Han var sint og ondsinnet, og slo til mot en ny følsom fot.

John Thornton stepped in, calm and good-natured as always.

John Thornton trådte til, rolig og godlynt som alltid.

Buck lay in a corner, head down, watching Thornton closely.

Buck lå i et hjørne med hodet bøyd og fulgte nøye med på Thornton.

Burton suddenly struck, his punch sending Thornton spinning.

Burton slo plutselig til, og slaget hans fikk Thornton til å snurre rundt.

Only the bar's rail kept him from crashing hard to the ground.

Bare rekkverket på stangen hindret ham i å krasje hardt i bakken.

The watchers heard a sound that was not bark or yelp

Observatørene hørte en lyd som ikke var bjeffing eller hyling

a deep roar came from Buck as he launched toward the man.

et dypt brøl kom fra Buck idet han løp mot mannen.

Burton threw his arm up and barely saved his own life.

Burton kastet armen opp og reddet så vidt sitt eget liv.

Buck crashed into him, knocking him flat onto the floor.

Buck krasjet inn i ham og slo ham flatt i gulvet.

Buck bit deep into the man's arm, then lunged for the throat.

Buck bet dypt inn i mannens arm, og kastet seg deretter etter strupen.

Burton could only partly block, and his neck was torn open.

Burton kunne bare delvis blokkere, og nakken hans ble revet opp.

Men rushed in, clubs raised, and drove Buck off the bleeding man.

Menn stormet inn, heiste køllene og drev Buck av den blødende mannen.

A surgeon worked quickly to stop the blood from flowing out.

En kirurg jobbet raskt for å stoppe blodet fra å renne ut.

Buck paced and growled, trying to attack again and again.

Buck gikk frem og tilbake og knurret, og prøvde å angripe igjen og igjen.

Only swinging clubs kept him back from reaching Burton.

Bare svingende køller hindret ham i å nå Burton.

A miners' meeting was called and held right there on the spot.

Et gruvearbeidermøte ble innkalt og holdt rett der på stedet.

They agreed Buck had been provoked and voted to set him free.

De var enige om at Buck hadde blitt provosert og stemte for å sette ham fri.

But Buck's fierce name now echoed in every camp in Alaska.

Men Bucks sterke navn ga nå gjenlyd i hver leir i Alaska.

Later that fall, Buck saved Thornton again in a new way.

Senere samme høst reddet Buck Thornton igjen på en ny måte.

The three men were guiding a long boat down rough rapids.

De tre mennene styrte en lang båt nedover røffe stryk.

Thornton maned the boat, calling directions to the shoreline.

Thornton manøvrerte båten og ropte veibeskrivelse til strandlinjen.

Hans and Pete ran on land, holding a rope from tree to tree.

Hans og Pete løp på land og holdt et tau fra tre til tre.

Buck kept pace on the bank, always watching his master.

Buck holdt tritt på bredden og holdt alltid øye med herren sin.

At one nasty place, rocks jutted out under the fast water.

På et stygt sted stakk steiner ut under det raske vannet.

Hans let go of the rope, and Thornton steered the boat wide.

Hans slapp tauet, og Thornton styrte båten vidt.

Hans sprinted to catch the boat again past the dangerous rocks.

Hans spurtet for å rekke båten igjen forbi de farlige steinene.

The boat cleared the ledge but hit a stronger part of the current.

Båten passerte avsatsen, men traff en sterkere del av strømmen.

Hans grabbed the rope too quickly and pulled the boat off balance.

Hans grep tak i tauet for fort og dro båten ut av balanse.

The boat flipped over and slammed into the bank, bottom up.

Båten kantet og smalt inn i bredden, med bunnen opp.

Thornton was thrown out and swept into the wildest part of the water.

Thornton ble kastet ut og feid opp i den villeste delen av vannet.

No swimmer could have survived in those deadly, racing waters.

Ingen svømmer kunne ha overlevd i det dødelige, kappløpende vannet.

Buck jumped in instantly and chased his master down the river.

Buck hoppet umiddelbart inn og jaget herren sin nedover elven.

After three hundred yards, he reached Thornton at last.

Etter tre hundre meter nådde han endelig Thornton.

Thornton grabbed Buck's tail, and Buck turned for the shore.

Thornton grep tak i Bucks hale, og Buck snudde seg mot land.

He swam with full strength, fighting the water's wild drag.

Han svømte med full styrke, og kjempet mot vannets ville drag.

They moved downstream faster than they could reach the shore.

De beveget seg nedstrøms raskere enn de kunne nå kysten.

Ahead, the river roared louder as it fell into deadly rapids.

Foran brølte elven høyere idet den falt ned i dødelige stryk.

Rocks sliced through the water like the teeth of a huge comb.

Steiner skar gjennom vannet som tennene på en enorm kam.

The pull of the water near the drop was savage and inescapable.

Vanndraget nær dråpen var voldsomt og uunngåelig.

Thornton knew they could never make the shore in time.

Thornton visste at de aldri ville komme i land i tide.

He scraped over one rock, smashed across a second,

Han skrapte over én stein, slo over en annen,

And then he crashed into a third rock, grabbing it with both hands.

Og så krasjet han inn i en tredje stein og grep den med begge hender.

He let go of Buck and shouted over the roar, "Go, Buck! Go!"

Han slapp taket i Buck og ropte over brølet: «Gå, Buck! Gå!»

Buck could not stay afloat and was swept down by the current.

Buck klarte ikke å holde seg flytende og ble revet med av strømmen.

He fought hard, struggling to turn, but made no headway at all.

Han kjempet hardt, slet med å snu, men gjorde ingen fremgang i det hele tatt.

Then he heard Thornton repeat the command over the river's roar.

Så hørte han Thornton gjenta kommandoen over elvens brøl.

Buck reared out of the water, raised his head as if for a last look.

Buck steg opp av vannet og løftet hodet som for å kaste et siste blikk.

then turned and obeyed, swimming toward the bank with resolve.

så snudde han seg og adlød, og svømte besluttsomt mot bredden.

Pete and Hans pulled him ashore at the final possible moment.

Pete og Hans dro ham i land i siste liten.

They knew Thornton could cling to the rock for only minutes more.

De visste at Thornton bare kunne klamre seg til fjellet i noen minutter til.

They ran up the bank to a spot far above where he was hanging.

De løp opp langs bredden til et sted langt over der han hang.

They tied the boat's line to Buck's neck and shoulders carefully.

De bandt båtens line forsiktig til Bucks nakke og skuldre.

The rope was snug but loose enough for breathing and movement.

Tauet var stramt, men løst nok til å puste og bevege seg.

Then they launched him into the rushing, deadly river again.

Så kastet de ham ut i den brusende, dødelige elven igjen.

Buck swam boldly but missed his angle into the stream's force.

Buck svømte dristig, men bommet på vinkelen inn i strømmens kraft.

He saw too late that he was going to drift past Thornton.

Han så for sent at han kom til å drive forbi Thornton.

Hans jerked the rope tight, as if Buck were a capsizing boat.

Hans stramt i tauet, som om Buck var en kantret båt.

The current pulled him under, and he vanished below the surface.

Strømmen dro ham ned, og han forsvant under overflaten.

His body struck the bank before Hans and Pete pulled him out.

Kroppen hans traff banken før Hans og Pete dro ham ut.

He was half-drowned, and they pounded the water out of him.

Han var halvt druknet, og de hamret vannet ut av ham.

Buck stood, staggered, and collapsed again onto the ground.

Buck reiste seg, sjanglet og falt sammen igjen på bakken.

Then they heard Thornton's voice faintly carried by the wind.

Så hørte de Thorntons stemme, svakt båret av vinden.

Though the words were unclear, they knew he was near death.

Selv om ordene var uklare, visste de at han var døden nær.

The sound of Thornton's voice hit Buck like an electric jolt.

Lyden av Thorntons stemme traff Buck som et elektrisk støt.

He jumped up and ran up the bank, returning to the launch point.

Han hoppet opp og løp opp langs bredden, tilbake til utskytningspunktet.

Again they tied the rope to Buck, and again he entered the stream.

Igjen bandt de tauet til Buck, og igjen gikk han ut i bekken.

This time, he swam directly and firmly into the rushing water.

Denne gangen svømte han rett og bestemt ut i det brusende vannet.

Hans let out the rope steadily while Pete kept it from tangling.

Hans slapp tauet jevnt ut mens Pete hindret det i å floke seg.

Buck swam hard until he was lined up just above Thornton.

Buck svømte fort helt til han sto i kø rett over Thornton.

Then he turned and charged down like a train in full speed.

Så snudde han seg og løp nedover som et tog i full fart.

Thornton saw him coming, braced, and locked arms around his neck.

Thornton så ham komme, forberedt og låste armene rundt halsen hans.

Hans tied the rope fast around a tree as both were pulled under.

Hans bandt tauet fast rundt et tre idet begge ble trukket under.

They tumbled underwater, smashing into rocks and river debris.

De falt under vann og traff steiner og elveavfall.

One moment Buck was on top, the next Thornton rose gasping.

Det ene øyeblikket var Buck på toppen, det neste reiste Thornton seg gispet.

Battered and choking, they veered to the bank and safety.

Forslåtte og kvalte, svingte de mot bredden og sikkerheten.

Thornton regained consciousness, lying across a drift log.

Thornton gjenvant bevisstheten, liggende over en drivstokk.

Hans and Pete worked him hard to bring back breath and life.

Hans og Pete jobbet hardt med ham for å få tilbake pusten og livet.

His first thought was for Buck, who lay motionless and limp.

Hans første tanke var om Buck, som lå ubevegelig og slapp.

Nig howled over Buck's body, and Skeet licked his face gently.

Nig hylte over Bucks kropp, og Skeet slikket ham forsiktig i ansiktet.

Thornton, sore and bruised, examined Buck with careful hands.

Thornton, sår og forslått, undersøkte Buck med forsiktige hender.

He found three ribs broken, but no deadly wounds in the dog.

Han fant tre brukne ribbein, men ingen dødelige sår hos hunden.

"That settles it," Thornton said. "We camp here." And they did.

«Det avgjør saken», sa Thornton. «Vi camper her.» Og det gjorde de.

They stayed until Buck's ribs healed and he could walk again.

De ble værende til Bucks ribbein var grodd og han kunne gå igjen.

That winter, Buck performed a feat that raised his fame further.

Den vinteren utførte Buck en bragd som økte berømmelsen hans ytterligere.

It was less heroic than saving Thornton, but just as impressive.

Det var mindre heroisk enn å redde Thornton, men like imponerende.

At Dawson, the partners needed supplies for a distant journey.

I Dawson trengte partnerne forsyninger til en fjern reise.

They wanted to travel East, into untouched wilderness lands.

De ville reise østover, inn i uberørte villmarker.

Buck's deed in the Eldorado Saloon made that trip possible.

Bucks gjerning i Eldorado Saloon gjorde den turen mulig.

It began with men bragging about their dogs over drinks.

Det begynte med menn som skrøt av hundene sine over drinker.

Buck's fame made him the target of challenges and doubt.

Bucks berømmelse gjorde ham til mål for utfordringer og tvil.

Thornton, proud and calm, stood firm in defending Buck's name.

Thornton, stolt og rolig, forsvarte Bucks navn standhaftig.

One man said his dog could pull five hundred pounds with ease.

En mann sa at hunden hans lett kunne trekke fem hundre pund.

Another said six hundred, and a third bragged seven hundred.

En annen sa seks hundre, og en tredje skrøt av syv hundre.

"Pfft!" said John Thornton, "Buck can pull a thousand pound sled."

«Pfft!» sa John Thornton, «Buck kan trekke en slede på tusen pund.»

Matthewson, a Bonanza King, leaned forward and challenged him.

Matthewson, en Bonanza-konge, lente seg frem og utfordret ham.

"You think he can put that much weight into motion?"

«Tror du han kan legge så mye vekt i bevegelse?»

"And you think he can pull the weight a full hundred yards?"

«Og du tror han kan trekke vekten hele hundre meter?»

Thornton replied coolly, "Yes. Buck is dog enough to do it."

Thornton svarte kjølig: «Ja. Buck er hund nok til å gjøre det.»

"He'll put a thousand pounds into motion, and pull it a hundred yards."

«Han setter tusen pund i bevegelse og trekker det hundre meter.»

Matthewson smiled slowly and made sure all men heard his words.

Matthewson smilte sakte og sørget for at alle mennene hørte ordene hans.

"I've got a thousand dollars that says he can't. There it is."

«Jeg har tusen dollar som sier at han ikke kan. Der er de.»

He slammed a sack of gold dust the size of sausage on the bar.

Han slengte en sekk med gullstøv på størrelse med en pølse i baren.

Nobody said a word. The silence grew heavy and tense around them.

Ingen sa et ord. Stillheten ble tung og anspent rundt dem.

Thornton's bluff—if it was one—had been taken seriously.
Thorntons bløff – hvis det var en – hadde blitt tatt alvorlig.
He felt heat rise in his face as blood rushed to his cheeks.
Han kjente varmen stige i ansiktet idet blodet strømmet opp i kinnene hans.
His tongue had gotten ahead of his reason in that moment.
Tungen hans hadde kommet fornuften i forkjøpet i det øyeblikket.
He truly didn't know if Buck could move a thousand pounds.
Han visste virkelig ikke om Buck kunne flytte tusen pund.
Half a ton! The size of it alone made his heart feel heavy.
Et halvt tonn! Bare størrelsen på den gjorde hjertet hans tungt.
He had faith in Buck's strength and had thought him capable.
Han hadde tro på Bucks styrke og hadde trodd at han var dyktig.
But he had never faced this kind of challenge, not like this.
Men han hadde aldri møtt denne typen utfordring, ikke som denne.
A dozen men watched him quietly, waiting to see what he'd do.
Et dusin menn så stille på ham og ventet på å se hva han ville gjøre.
He didn't have the money—neither did Hans or Pete.
Han hadde ikke penger – verken Hans eller Pete hadde det.
"I've got a sled outside," said Matthewson coldly and direct.
«Jeg har en kjelke utenfor», sa Matthewson kaldt og direkte.
"It's loaded with twenty sacks, fifty pounds each, all flour.
«Den er lastet med tjue sekker, femti pund hver, bare mel.»
So don't let a missing sled be your excuse now," he added.
Så ikke la en savnet slede være din unnskyldning nå,» la han til.
Thornton stood silent. He didn't know what words to offer.
Thornton sto stille. Han visste ikke hvilke ord han skulle si.
He looked around at the faces without seeing them clearly.
Han så seg rundt på ansiktene uten å se dem tydelig.

He looked like a man frozen in thought, trying to restart.

Han så ut som en mann som var fastlåst i tanker og prøvde å starte på nytt.

Then he saw Jim O'Brien, a friend from the Mastodon days.

Så så han Jim O'Brien, en venn fra Mastodon-dagene.

That familiar face gave him courage he didn't know he had.

Det kjente ansiktet ga ham mot han ikke visste han hadde.

He turned and asked in a low voice, "Can you lend me a thousand?"

Han snudde seg og spurte med lav stemme: «Kan du låne meg tusen?»

"Sure," said O'Brien, dropping a heavy sack by the gold already.

«Jada,» sa O'Brien, og slapp allerede en tung sekk ved siden av gullet.

"But truthfully, John, I don't believe the beast can do this."

«Men ærlig talt, John, jeg tror ikke at udyret kan gjøre dette.»

Everyone in the Eldorado Saloon rushed outside to see the event.

Alle i Eldorado Saloon løp ut for å se arrangementet.

They left tables and drinks, and even the games were paused.

De forlot bord og drinker, og til og med kampene ble satt på pause.

Dealers and gamblers came to witness the bold wager's end.

Dealere og gamblere kom for å være vitne til slutten av det dristige veddemålet.

Hundreds gathered around the sled in the icy open street.

Hundrevis samlet seg rundt sleden på den isete åpne gaten.

Matthewson's sled stood with a full load of flour sacks.

Matthewsons slede sto med en full last med melsekker.

The sled had been sitting for hours in minus temperatures.

Snøscooteren hadde stått i timevis i minustemperaturer.

The sled's runners were frozen tight to the packed-down snow.

Snøscooterens meder var frosset fast til den pakkete snøen.

Men offered two-to-one odds that Buck could not move the sled.

Mennene ga to til én odds på at Buck ikke kunne flytte sleden.

A dispute broke out about what "break out" really meant.

Det oppsto en krangel om hva «utbrudd» egentlig betydde.

O'Brien said Thornton should loosen the sled's frozen base.

O'Brien sa at Thornton burde løsne sledens frosne bunn.

Buck could then "break out" from a solid, motionless start.

Buck kunne da «bryte ut» fra en solid, stillestående start.

Matthewson argued the dog must break the runners free too.

Matthewson argumenterte at hunden også måtte rive løperne løs.

The men who had heard the bet agreed with Matthewson's view.

Mennene som hadde hørt veddemålet var enige i Matthewsons syn.

With that ruling, the odds jumped to three-to-one against Buck.

Med den kjennelsen hoppet oddsen til tre mot én mot Buck.

No one stepped forward to take the growing three-to-one odds.

Ingen tok imot den økende oddsen på tre til én.

Not a single man believed Buck could perform the great feat.

Ikke en eneste mann trodde Buck kunne utføre den store bragden.

Thornton had been rushed into the bet, heavy with doubts.

Thornton hadde blitt forhastet inn i veddemålet, tynget av tvil.

Now he looked at the sled and the ten-dog team beside it.

Nå så han på sleden og tihunders spannet ved siden av den.

Seeing the reality of the task made it seem more impossible.

Å se oppgavens realitet gjorde den mer umulig.

Matthewson was full of pride and confidence in that moment.

Matthewson var full av stolthet og selvtillit i det øyeblikket.

"Three to one!" he shouted. "I'll bet another thousand, Thornton!

«Tre mot én!» ropte han. «Jeg vedder på tusen til, Thornton!»

What do you say?" he added, loud enough for all to hear.

«Hva sier du?» la han til, høyt nok til at alle kunne høre det.

Thornton's face showed his doubts, but his spirit had risen.

Thorntons ansikt viste tvilen hans, men motet hans hadde steget.

That fighting spirit ignored odds and feared nothing at all.

Den kampånden ignorerte odds og fryktet ingenting i det hele tatt.

He called Hans and Pete to bring all their cash to the table.

Han ringte Hans og Pete for å få alle pengene sine til bordet.

They had little left—only two hundred dollars combined.

De hadde lite igjen – bare to hundre dollar til sammen.

This small sum was their total fortune during hard times.

Denne lille summen var deres totale formue i vanskelige tider.

Still, they laid all of the fortune down against Matthewson's bet.

Likevel satset de hele formuen mot Matthewsons veddemål.

The ten-dog team was unhitched and moved away from the sled.

Tihunders spannet ble løsnet og beveget seg bort fra sleden.

Buck was placed in the reins, wearing his familiar harness.

Buck ble plassert i tømmene, iført sin kjente sele.

He had caught the energy of the crowd and felt the tension.

Han hadde fanget energien i mengden og følt spenningen.

Somehow, he knew he had to do something for John Thornton.

På en eller annen måte visste han at han måtte gjøre noe for John Thornton.

People murmured with admiration at the dog's proud figure.

Folk mumlet av beundring over hundens stolte skikkelse.

He was lean and strong, without a single extra ounce of flesh.

Han var slank og sterk, uten et eneste unse ekstra kjøtt.

His full weight of hundred fifty pounds was all power and endurance.

Hans fulle vekt på hundre og femti pund var ren kraft og utholdenhet.

Buck's coat gleamed like silk, thick with health and strength.

Bucks pels glitret som silke, tykk av helse og styrke.

The fur along his neck and shoulders seemed to lift and bristle.

Pelsen langs nakken og skuldrene hans syntes å løfte seg og buse.

His mane moved slightly, each hair alive with his great energy.

Manen hans beveget seg litt, hvert hårstrå levende med hans store energi.

His broad chest and strong legs matched his heavy, tough frame.

Hans brede brystkasse og sterke ben passet til den tunge, robuste kroppen hans.

Muscles rippled under his coat, tight and firm as bound iron.

Musklene bølget under frakken hans, stramme og faste som bundet jern.

Men touched him and swore he was built like a steel machine.

Menn berørte ham og sverget på at han var bygd som en stålmaskin.

The odds dropped slightly to two to one against the great dog.

Oddsen falt litt til to mot én mot den flotte hunden.

A man from the Skookum Benches pushed forward, stuttering.

En mann fra Skookum-benkene dyttet seg frem, stammende.

"Good, sir! I offer eight hundred for him—before the test, sir!"

«Bra, herre! Jeg tilbyr åtte hundre for ham – før testen, herre!»

"Eight hundred, as he stands right now!" the man insisted.

«Åtte hundre, slik han står akkurat nå!» insisterte mannen.

Thornton stepped forward, smiled, and shook his head calmly.

Thornton gikk frem, smilte og ristet rolig på hodet.

Matthewson quickly stepped in with a warning voice and frown.
Matthewson grep raskt inn med en advarende stemme og rynket pannen.

"You must step away from him," he said. "Give him space."
«Du må ta et skritt unna ham», sa han. «Gi ham plass.»

The crowd grew silent; only gamblers still offered two to one.
Publikum ble stille; bare spillerne tilbød fortsatt to mot én.

Everyone admired Buck's build, but the load looked too great.
Alle beundret Bucks kroppsbygning, men lasten så for stor ut.

Twenty sacks of flour—each fifty pounds in weight— seemed far too much.
Tjue sekker med mel – hver på femti pund – virket altfor mye.

No one was willing to open their pouch and risk their money.
Ingen var villig til å åpne posen sin og risikere pengene sine.

Thornton knelt beside Buck and took his head in both hands.
Thornton knelte ved siden av Buck og tok hodet hans i begge hender.

He pressed his cheek against Buck's and spoke into his ear.
Han presset kinnet mot Bucks og snakket inn i øret hans.

There was no playful shaking or whispered loving insults now.
Det var ingen leken risting eller hviskede kjærlige fornærmelser nå.

He only murmured softly, "As much as you love me, Buck."
Han mumlet bare lavt: «Så mye som du elsker meg, Buck.»

Buck let out a quiet whine, his eagerness barely restrained.
Buck hylte lavt, iveren hans knapt undertrykt.

The onlookers watched with curiosity as tension filled the air.
Tilskuerne så nysgjerrig på mens spenningen fylte luften.

The moment felt almost unreal, like something beyond reason.

Øyeblikket føltes nesten uvirkelig, som noe hinsides all fornuft.

When Thornton stood, Buck gently took his hand in his jaws.

Da Thornton reiste seg, tok Buck forsiktig hånden hans mellom kjevene sine.

He pressed down with his teeth, then let go slowly and gently.

Han presset ned med tennene, og slapp deretter sakte og forsiktig.

It was a silent answer of love, not spoken, but understood.

Det var et stille svar av kjærlighet, ikke uttalt, men forstått.

Thornton stepped well back from the dog and gave the signal.

Thornton trakk seg godt tilbake fra hunden og ga signalet.

"Now, Buck," he said, and Buck responded with focused calm.

«Nå, Buck», sa han, og Buck svarte med fokusert ro.

Buck tightened the traces, then loosened them by a few inches.

Buck strammet skinnene, og løsnet dem deretter noen centimeter.

This was the method he had learned; his way to break the sled.

Dette var metoden han hadde lært; hans måte å brekke sleden på.

"Gee!" Thornton shouted, his voice sharp in the heavy silence.

«Herregud!» ropte Thornton, med skarp stemme i den tunge stillheten.

Buck turned to the right and lunged with all of his weight.

Buck snudde seg til høyre og kastet seg ut med all sin vekt.

The slack vanished, and Buck's full mass hit the tight traces.

Slakken forsvant, og Bucks fulle masse traff de trange sporene.

The sled trembled, and the runners made a crisp crackling sound.

Sleden skalv, og mederne lagde en skarp knitrende lyd.

"Haw!" Thornton commanded, shifting Buck's direction again.

«Ha!» befalte Thornton, og endret retning for Buck igjen.

Buck repeated the move, this time pulling sharply to the left.

Buck gjentok bevegelsen, denne gangen trakk han skarpt til venstre.

The sled cracked louder, the runners snapping and shifting.

Kjelken sprakk høyere, medene knitret og flyttet seg.

The heavy load slid slightly sideways across the frozen snow.

Den tunge lasten gled litt sidelengs over den frosne snøen.

The sled had broken free from the grip of the icy trail!

Snøscooteren hadde løsnet fra den isete løypa!

Men held their breath, unaware they were not even breathing.

Mennene holdt pusten, uvitende om at de ikke engang pustet.

"Now, PULL!" Thornton cried out across the frozen silence.

«Nå, DRA!» ropte Thornton utover den frosne stillheten.

Thornton's command rang out sharp, like the crack of a whip.

Thorntons kommando runget skarpt, som lyden av en piske.

Buck hurled himself forward with a fierce and jarring lunge.

Buck kastet seg fremover med et voldsomt og rystende utfall.

His whole frame tensed and bunched for the massive strain.

Hele kroppen hans spente seg og sammenkrøplet på grunn av den massive belastningen.

Muscles rippled under his fur like serpents coming alive.

Muskler bølget under pelsen hans som slanger som våkner til liv.

His great chest was low, head stretched forward toward the sled.

Hans store brystkasse var lav, hodet strukket fremover mot sleden.

His paws moved like lightning, claws slicing the frozen ground.

Potene hans beveget seg som lyn, klørne skar den frosne bakken.

Grooves were cut deep as he fought for every inch of traction.
Det ble skåret dype spor mens han kjempet for hver centimeter med trekkraft.

The sled rocked, trembled, and began a slow, uneasy motion.
Sleden gynget, skalv og begynte en langsom, urolig bevegelse.

One foot slipped, and a man in the crowd groaned aloud.
Den ene foten skled, og en mann i mengden stønnet høyt.

Then the sled lunged forward in a jerking, rough movement.
Så kastet sleden seg fremover i en rykkende, ru bevegelse.

It didn't stop again—half an inch...an inch...two inches more.
Den stoppet ikke igjen – en halv tomme ... en tomme ... to tommer til.

The jerks became smaller as the sled began to gather speed.
Rykkene ble mindre etter hvert som sleden begynte å få fart.

Soon Buck was pulling with smooth, even, rolling power.
Snart trakk Buck med jevn, myk rullekraft.

Men gasped and finally remembered to breathe again.
Mennene gispet og husket endelig å puste igjen.

They had not noticed their breath had stopped in awe.
De hadde ikke lagt merke til at pusten deres hadde stoppet i ærefrykt.

Thornton ran behind, calling out short, cheerful commands.
Thornton løp bak og ropte korte, muntre kommandoer.

Ahead was a stack of firewood that marked the distance.
Foran lå en stabel med ved som markerte avstanden.

As Buck neared the pile, the cheering grew louder and louder.
Etter hvert som Buck nærmet seg haugen, ble jubelen høyere og høyere.

The cheering swelled into a roar as Buck passed the end point.
Jubelropene vokste til et brøl idet Buck passerte endepunktet.

Men jumped and shouted, even Matthewson broke into a grin.
Menn hoppet og ropte, til og med Matthewson brøt ut i et glis.

Hats flew into the air, mittens were tossed without thought or aim.

Hatter fløy opp i luften, votter ble kastet uten tanke eller mål.

Men grabbed each other and shook hands without knowing who.

Mennene grep tak i hverandre og håndhilste uten å vite hvem.

The whole crowd buzzed in wild, joyful celebration.

Hele mengden summet av vill, gledesfylt feiring.

Thornton dropped to his knees beside Buck with trembling hands.

Thornton falt ned på kne ved siden av Buck med skjelvende hender.

He pressed his head to Buck's and shook him gently back and forth.

Han presset hodet mot Bucks og ristet ham forsiktig frem og tilbake.

Those who approached heard him curse the dog with quiet love.

De som kom nærmere hørte ham forbanne hunden med stille kjærlighet.

He swore at Buck for a long time — softly, warmly, with emotion.

Han bannet til Buck lenge – mykt, varmt og følelsesladet.

"Good, sir! Good, sir!" cried the Skookum Bench king in a rush.

«Bra, herre! Bra, herre!» ropte Skookum Bench-kongen i all hast.

"I'll give you a thousand — no, twelve hundred — for that dog, sir!"

«Jeg gir deg tusen – nei, tolv hundre – for den hunden, sir!»

Thornton rose slowly to his feet, his eyes shining with emotion.

Thornton reiste seg sakte, øynene hans skinte av følelser.

Tears streamed openly down his cheeks without any shame.

Tårene strømmet åpent nedover kinnene hans uten skam.

"Sir," he said to the Skookum Bench king, steady and firm

«Herre,» sa han til kongen av Skookum-benken, stødig og bestemt.

"No, sir. You can go to hell, sir. That's my final answer."

«Nei, sir. De kan dra til helvete, sir. Det er mitt endelige svar.»

Buck grabbed Thornton's hand gently in his strong jaws.

Buck grep forsiktig Thorntons hånd med de sterke kjevene hans.

Thornton shook him playfully, their bond deep as ever.

Thornton ristet ham lekent, båndet deres var like sterkt som alltid.

The crowd, moved by the moment, stepped back in silence.

Mengden, beveget av øyeblikket, trakk seg tilbake i stillhet.

From then on, none dared interrupt such sacred affection.

Fra da av turte ingen å avbryte en slik hellig hengivenhet.

The Sound of the Call
Lyden av kallet

Buck had earned sixteen hundred dollars in five minutes.
Buck hadde tjent seksten hundre dollar på fem minutter.
The money let John Thornton pay off some of his debts.
Pengene lot John Thornton betale ned noe av gjelden sin.
With the rest of the money he headed East with his partners.
Med resten av pengene dro han østover sammen med
partnerne sine.
They sought a fabled lost mine, as old as the country itself.
De lette etter en sagnomsuste, tapt gruve, like gammel som
landet selv.
**Many men had looked for the mine, but few had ever found
it.**
Mange menn hadde lett etter gruven, men få hadde noen gang
funnet den.
**More than a few men had vanished during the dangerous
quest.**
Mer enn noen få menn hadde forsvunnet under den farlige
søken.
**This lost mine was wrapped in both mystery and old
tragedy.**
Denne tapte gruven var pakket inn i både mystikk og gammel
tragedie.
No one knew who the first man to find the mine had been.
Ingen visste hvem den første mannen som fant gruven hadde
vært.
The oldest stories don't mention anyone by name.
De eldste historiene nevner ingen ved navn.
There had always been an ancient ramshackle cabin there.
Det hadde alltid stått en gammel, falleferdig hytte der.
**Dying men had sworn there was a mine next to that old
cabin.**
Døende menn hadde sverget på at det var en gruve ved siden
av den gamle hytta.

They proved their stories with gold like none found elsewhere.
De beviste historiene sine med gull som ingen andre steder finner.
No living soul had ever looted the treasure from that place.
Ingen levende sjel hadde noen gang plyndret skatten fra det stedet.
The dead were dead, and dead men tell no tales.
De døde var døde, og døde menn forteller ingen historier.
So Thornton and his friends headed into the East.
Så dro Thornton og vennene hans østover.
Pete and Hans joined, bringing Buck and six strong dogs.
Pete og Hans ble med, og hadde med seg Buck og seks sterke hunder.
They set off down an unknown trail where others had failed.
De la ut på en ukjent sti der andre hadde mislyktes.
They sledded seventy miles up the frozen Yukon River.
De aket sytti mil oppover den frosne Yukon-elven.
They turned left and followed the trail into the Stewart.
De svingte til venstre og fulgte stien inn i Stewart-elven.
They passed the Mayo and McQuestion, pressing farther on.
De passerte Mayo og McQuestion og fortsatte videre.
The Stewart shrank into a stream, threading jagged peaks.
Stewart-elven krympet inn i en bekk og trådte langs taggete topper.
These sharp peaks marked the very spine of the continent.
Disse skarpe toppene markerte selve ryggraden på kontinentet.
John Thornton demanded little from men or the wild land.
John Thornton krevde lite av menn eller det ville landskapet.
He feared nothing in nature and faced the wild with ease.
Han fryktet ingenting i naturen og møtte villmarken med letthet.
With only salt and a rifle, he could travel where he wished.
Med bare salt og en gevær kunne han reise hvor han ville.
Like the natives, he hunted food while he journeyed along.

I likhet med de innfødte jaktet han mat mens han reiste.

If he caught nothing, he kept going, trusting luck ahead.

Hvis han ikke fikk noe, fortsatte han, og stolte på flaksen.

On this long journey, meat was the main thing they ate.

På denne lange reisen var kjøtt det viktigste de spiste.

The sled held tools and ammo, but no strict timetable.

Sleden inneholdt verktøy og ammunisjon, men ingen streng tidsplan.

Buck loved this wandering; the endless hunt and fishing.

Buck elsket denne vandringen; den endeløse jakten og fisket.

For weeks they were traveling day after steady day.

I flere uker reiste de dag etter jevn dag.

Other times they made camps and stayed still for weeks.

Andre ganger slo de leir og ble værende i flere uker.

The dogs rested while the men dug through frozen dirt.

Hundene hvilte mens mennene gravde gjennom frossen jord.

They warmed pans over fires and searched for hidden gold.

De varmet pannene over bål og lette etter skjult gull.

Some days they starved, and some days they had feasts.

Noen dager sultet de, og andre dager hadde de fester.

Their meals depended on the game and the luck of the hunt.

Måltidene deres var avhengig av viltet og jaktflaksen.

When summer came, men and dogs packed loads on their backs.

Da sommeren kom, pakket menn og hunder last på ryggen.

They rafted across blue lakes hidden in mountain forests.

De raftet over blå innsjøer gjemt i fjellskoger.

They sailed slim boats on rivers no man had ever mapped.

De seilte slanke båter på elver ingen mann noen gang hadde kartlagt.

Those boats were built from trees they sawed in the wild.

Disse båtene ble bygget av trær de saget i naturen.

The months passed, and they twisted through the wild unknown lands.

Månedene gikk, og de snodde seg gjennom de ville, ukjente landene.

There were no men there, yet old traces hinted that men had been.

Det var ingen menn der, men gamle spor antydet at det hadde vært menn der.

If the Lost Cabin was real, then others had once come this way.

Hvis Den tapte hytta var ekte, hadde andre en gang kommet denne veien.

They crossed high passes in blizzards, even during the summer.

De krysset høye pass i snøstormer, selv om sommeren.

They shivered under the midnight sun on bare mountain slopes.

De skalv under midnattssolen på nakne fjellsider.

Between the treeline and the snowfields, they climbed slowly.

Mellom tregrensen og snøfeltene klatret de sakte.

In warm valleys, they swatted at clouds of gnats and flies.

I varme daler slo de mot skyer av knott og fluer.

They picked sweet berries near glaciers in full summer bloom.

De plukket søte bær nær isbreer i full sommerblomst.

The flowers they found were as lovely as those in the Southland.

Blomstene de fant var like vakre som de i Sørlandet.

That fall they reached a lonely region filled with silent lakes.

Den høsten nådde de et ensomt område fylt med stille innsjøer.

The land was sad and empty, once alive with birds and beasts.

Landet var trist og tomt, en gang levd av fugler og dyr.

Now there was no life, just the wind and ice forming in pools.

Nå var det ikke noe liv, bare vinden og isen som dannet seg i dammer.

Waves lapped against empty shores with a soft, mournful sound.
Bølger slo mot tomme strender med en myk, sørgmodig lyd.

Another winter came, and they followed faint, old trails again.
Nok en vinter kom, og de fulgte svake, gamle stier igjen.
These were the trails of men who had searched long before them.
Dette var sporene til menn som hadde lett lenge før dem.
Once they found a path cut deep into the dark forest.
En gang fant de en sti dypt inn i den mørke skogen.
It was an old trail, and they felt the lost cabin was close.
Det var en gammel sti, og de følte at den tapte hytta var nær.
But the trail led nowhere and faded into the thick woods.
Men stien førte ingen steder og forsvant inn i den tette skogen.
Whoever made the trail, and why they made it, no one knew.
Hvem som helst som lagde stien, og hvorfor de lagde den, visste ingen.
Later, they found the wreck of a lodge hidden among the trees.
Senere fant de vraket av en hytte gjemt blant trærne.
Rotting blankets lay scattered where someone once had slept.
Råtnende tepper lå strødd der noen en gang hadde sovet.
John Thornton found a long-barreled flintlock buried inside.
John Thornton fant en flintlås med lang løp begravd inni.
He knew this was a Hudson Bay gun from early trading days.
Han visste at dette var en Hudson Bay-kanon fra tidlige handelsdager.
In those days such guns were traded for stacks of beaver skins.
På den tiden ble slike kanoner byttet mot stabler med beverskinn.

That was all—no clue remained of the man who built the lodge.

Det var alt – ingen spor gjensto etter mannen som bygde hytta.

Spring came again, and they found no sign of the Lost Cabin.

Våren kom igjen, og de fant ingen tegn til den tapte hytta.

Instead they found a broad valley with a shallow stream.

I stedet fant de en bred dal med en grunn bekk.

Gold lay across the pan bottoms like smooth, yellow butter.

Gull lå over bunnen av pannen som glatt, gult smør.

They stopped there and searched no farther for the cabin.

De stoppet der og lette ikke lenger etter hytta.

Each day they worked and found thousands in gold dust.

Hver dag arbeidet de og fant tusenvis i gullstøv.

They packed the gold in bags of moose-hide, fifty pounds each.

De pakket gullet i sekker med elgskinn, femti pund hver.

The bags were stacked like firewood outside their small lodge.

Sekkene var stablet som ved utenfor den lille hytta deres.

They worked like giants, and the days passed like quick dreams.

De jobbet som kjemper, og dagene gikk som raske drømmer.

They heaped up treasure as the endless days rolled swiftly by.

De samlet skatter mens de endeløse dagene rullet raskt forbi.

There was little for the dogs to do except haul meat now and then.

Det var lite hundene kunne gjøre bortsett fra å dra på kjøtt nå og da.

Thornton hunted and killed the game, and Buck lay by the fire.

Thornton jaktet og drepte viltet, og Buck lå ved bålet.

He spent long hours in silence, lost in thought and memory.

Han tilbrakte lange timer i stillhet, fortapt i tanker og minner.

The image of the hairy man came more often into Buck's mind.

Bildet av den hårete mannen dukket oftere opp i Bucks sinn.

Now that work was scarce, Buck dreamed while blinking at the fire.

Nå som det var lite arbeid, drømte Buck mens han blunket mot bålet.

In those dreams, Buck wandered with the man in another world.

I disse drømmene vandret Buck med mannen i en annen verden.

Fear seemed the strongest feeling in that distant world.

Frykt virket som den sterkeste følelsen i den fjerne verden.

Buck saw the hairy man sleep with his head bowed low.

Buck så den hårete mannen sove med bøyd hode.

His hands were clasped, and his sleep was restless and broken.

Hendene hans var foldet, og søvnen hans var urolig og avbrutt.

He used to wake with a start and stare fearfully into the dark.

Han pleide å våkne med et rykk og stirre fryktsomt inn i mørket.

Then he'd toss more wood onto the fire to keep the flame bright.

Så kastet han mer ved på bålet for å holde flammen sterk.

Sometimes they walked along a beach by a gray, endless sea.

Noen ganger gikk de langs en strand ved et grått, endeløst hav.

The hairy man picked shellfish and ate them as he walked.

Den hårete mannen plukket skalldyr og spiste dem mens han gikk.

His eyes searched always for hidden dangers in the shadows.

Øynene hans lette alltid etter skjulte farer i skyggene.

His legs were always ready to sprint at the first sign of threat.

Beina hans var alltid klare til å spurte ved første tegn på trussel.

They crept through the forest, silent and wary, side by side.
De krøp gjennom skogen, stille og forsiktige, side om side.

Buck followed at his heels, and both of them stayed alert.
Buck fulgte etter ham, og begge forble årvåkne.

Their ears twitched and moved, their noses sniffed the air.
Ørene deres dirret og beveget seg, nesene deres snuste i luften.

The man could hear and smell the forest as sharply as Buck.
Mannen kunne høre og lukte skogen like skarpt som Buck.

The hairy man swung through the trees with sudden speed.
Den hårete mannen svingte seg gjennom trærne med plutselig fart.

He leapt from branch to branch, never missing his grip.
Han hoppet fra gren til gren uten å miste grepet.

He moved as fast above the ground as he did upon it.
Han beveget seg like raskt over bakken som han gjorde på den.

Buck remembered long nights beneath the trees, keeping watch.
Buck husket lange netter under trærne, hvor han holdt vakt.

The man slept roosting in the branches, clinging tight.
Mannen sov og hvilte i grenene og klamret seg tett til.

This vision of the hairy man was tied closely to the deep call.
Denne visjonen av den hårete mannen var nært knyttet til det dype kallet.

The call still sounded through the forest with haunting force.
Ropet lød fortsatt gjennom skogen med hjemsøkende kraft.

The call filled Buck with longing and a restless sense of joy.
Samtalen fylte Buck med lengsel og en rastløs følelse av glede.

He felt strange urges and stirrings that he could not name.
Han følte merkelige lyster og følelser som han ikke kunne navngi.

Sometimes he followed the call deep into the quiet woods.

Noen ganger fulgte han kallet dypt inn i den stille skogen.

He searched for the calling, barking softly or sharply as he went.

Han lette etter kallet, bjeffende lavt eller skarpt mens han gikk.

He sniffed the moss and black soil where the grasses grew.

Han snuste på mosen og den svarte jorden der gresset vokste.

He snorted with delight at the rich smells of the deep earth.

Han fnøs av fryd over de rike luktene fra den dype jorden.

He crouched for hours behind trunks covered in fungus.

Han krøp sammen i timevis bak stammer dekket av sopp.

He stayed still, listening wide-eyed to every tiny sound.

Han ble stående stille og lyttet med store øyne til hver minste lyd.

He may have hoped to surprise the thing that gave the call.

Han håpet kanskje å overraske den som ringte.

He did not know why he acted this way—he simply did.

Han visste ikke hvorfor han oppførte seg slik – han bare gjorde det.

The urges came from deep within, beyond thought or reason.

Trangene kom dypt innenfra, hinsides tanke eller fornuft.

Irresistible urges took hold of Buck without warning or reason.

Uimotståelige lyster grep tak i Buck uten forvarsel eller grunn.

At times he was dozing lazily in camp under the midday heat.

Til tider døset han dovent i leiren i middagsvarmen.

Suddenly, his head lifted and his ears shoot up alert.

Plutselig løftet han hodet og ørene hans skyter våkent i været.

Then he sprang up and dash into the wild without pause.

Så sprang han opp og løp ut i villmarken uten å nøle.

He ran for hours through forest paths and open spaces.

Han løp i timevis gjennom skogsstier og åpne områder.

He loved to follow dry creek beds and spy on birds in the trees.

Han elsket å følge tørre bekkeleier og spionere på fugler i trærne.

He could lie hidden all day, watching partridges strut around.

Han kunne ligge gjemt hele dagen og se på rapphøns som spankulerte rundt.

They drummed and marched, unaware of Buck's still presence.

De trommet og marsjerte, uvitende om Bucks fortsatt tilstedeværelse.

But what he loved most was running at twilight in summer.

Men det han elsket mest var å løpe i skumringen om sommeren.

The dim light and sleepy forest sounds filled him with joy.

Det svake lyset og de søvnige skogslydene fylte ham med glede.

He read the forest signs as clearly as a man reads a book.

Han leste skogsskiltene like tydelig som en mann leser en bok.

And he searched always for the strange thing that called him.

Og han lette alltid etter den merkelige tingen som kalte på ham.

That calling never stopped—it reached him waking or sleeping.

Det kallet stoppet aldri – det nådde ham enten han var våken eller sovende.

One night, he woke with a start, eyes sharp and ears high.

En natt våknet han med et rykk, med skarpe øyne og høye ører.

His nostrils twitched as his mane stood bristling in waves.

Neseborene hans dirret mens manen hans sto og bølget seg.

From deep in the forest came the sound again, the old call.

Fra dypet av skogen kom lyden igjen, det gamle kallet.

This time the sound rang clearly, a long, haunting, familiar howl.

Denne gangen ringte lyden tydelig, et langt, hjemsøkende, kjent hyl.

It was like a husky's cry, but strange and wild in tone.

Det var som en huskys skrik, men merkelig og vill i tonen.

Buck knew the sound at once—he had heard the exact sound long ago.

Buck kjente igjen lyden med en gang – han hadde hørt den nøyaktige lyden for lenge siden.

He leapt through camp and vanished swiftly into the woods.

Han hoppet gjennom leiren og forsvant raskt inn i skogen.

As he neared the sound, he slowed and moved with care.

Da han nærmet seg lyden, sakket han farten og beveget seg forsiktig.

Soon he reached a clearing between thick pine trees.

Snart nådde han en lysning mellom tette furutrær.

There, upright on its haunches, sat a tall, lean timber wolf.

Der, oppreist på bakbenene, satt en høy, mager skogulv.

The wolf's nose pointed skyward, still echoing the call.

Ulvens nese pekte mot himmelen, fortsatt med et ekko av ropet.

Buck had made no sound, yet the wolf stopped and listened.

Buck hadde ikke laget noen lyd, men ulven stoppet og lyttet.

Sensing something, the wolf tensed, searching the darkness.

Ulven fornemmet noe, spente seg og lette i mørket.

Buck crept into view, body low, feet quiet on the ground.

Buck snek seg til syne, med lav kropp og føttene rolige på bakken.

His tail was straight, his body coiled tight with tension.

Halen hans var rett, kroppen hans kveilet stramt av spenning.

He showed both threat and a kind of rough friendship.

Han viste både trussel og et slags røft vennskap.

It was the wary greeting shared by beasts of the wild.

Det var den forsiktige hilsenen som de ville dyrene delte.

But the wolf turned and fled as soon as it saw Buck.

Men ulven snudde seg og flyktet så snart den så Buck.

Buck gave chase, leaping wildly, eager to overtake it.

Buck satte etter den, hoppet vilt, ivrig etter å forbikjøre den.

He followed the wolf into a dry creek blocked by a timber jam.

Han fulgte etter ulven inn i en tørr bekk som var blokkert av
en tømmerstokk.

Cornered, the wolf spun around and stood its ground.

Ulven snurret seg rundt og sto på sitt.

**The wolf snarled and snapped like a trapped husky dog in a
fight.**

Ulven glefset og glefset som en fanget huskyhund i en
slåsskamp.

**The wolf's teeth clicked fast, its body bristling with wild
fury.**

Ulvens tenner klikket raskt, kroppen dens strittet av vill raseri.

**Buck did not attack but circled the wolf with careful
friendliness.**

Buck angrep ikke, men gikk rundt ulven med forsiktig
vennlighet.

He tried to block his escape by slow, harmless movements.

Han prøvde å blokkere flukten med langsomme, ufarlige
bevegelser.

**The wolf was wary and scared—Buck outweighed him three
times.**

Ulven var skeptisk og redd – Buck var tre ganger sterkere enn
ham.

**The wolf's head barely reached up to Buck's massive
shoulder.**

Ulvehodet nådde så vidt opp til Bucks massive skulder.

**Watching for a gap, the wolf bolted and the chase began
again.**

Ulven speidet etter et gap, løp av gårde og jakten begynte
igjen.

Several times Buck cornered him, and the dance repeated.

Flere ganger presset Buck ham inn i et hjørne, og dansen
gjentok seg.

**The wolf was thin and weak, or Buck could not have caught
him.**

Ulven var tynn og svak, ellers kunne ikke Buck ha fanget ham.

**Each time Buck drew near, the wolf spun and faced him in
fear.**

Hver gang Buck kom nærmere, snurret ulven seg og møtte ham i frykt.

Then at the first chance, he dashed off into the woods once more.

Så ved første sjanse, løp han av gårde inn i skogen igjen.

But Buck did not give up, and finally the wolf came to trust him.

Men Buck ga ikke opp, og til slutt begynte ulven å stole på ham.

He sniffed Buck's nose, and the two grew playful and alert.

Han snuste Buck på nesen, og de to ble lekne og årvåkne.

They played like wild animals, fierce yet shy in their joy.

De lekte som ville dyr, hissige, men likevel sjenerte i sin glede.

After a while, the wolf trotted off with calm purpose.

Etter en stund travet ulven av gårde med rolig hensikt.

He clearly showed Buck that he meant to be followed.

Han viste tydelig Buck at han ville bli fulgt etter.

They ran side by side through the twilight gloom.

De løp side om side gjennom skumringsmørket.

They followed the creek bed up into the rocky gorge.

De fulgte bekkeleier opp i den steinete juvet.

They crossed a cold divide where the stream had begun.

De krysset et kaldt skille der strømmen hadde startet.

On the far slope they found wide forest and many streams.

På den fjerne skråningen fant de vid skog og mange bekker.

Through this vast land, they ran for hours without stopping.

Gjennom dette enorme landet løp de i timevis uten å stoppe.

The sun rose higher, the air grew warm, but they ran on.

Solen steg høyere, luften ble varm, men de løp videre.

Buck was filled with joy—he knew he was answering his calling.

Buck var fylt av glede – han visste at han svarte på kallet sitt.

He ran beside his forest brother, closer to the call's source.

Han løp ved siden av skogbroren sin, nærmere kilden til kallet.

Old feelings returned, powerful and hard to ignore.

Gamle følelser kom tilbake, sterke og vanskelige å ignorere.

These were the truths behind the memories from his dreams.

Dette var sannhetene bak minnene fra drømmene hans.

He had done all this before in a distant and shadowy world.

Han hadde gjort alt dette før i en fjern og skyggefull verden.

Now he did this again, running wild with the open sky above.

Nå gjorde han dette igjen, og løp amok med den åpne himmelen over seg.

They stopped at a stream to drink from the cold flowing water.

De stoppet ved en bekk for å drikke av det kalde, rennende vannet.

As he drank, Buck suddenly remembered John Thornton.

Mens han drakk, husket Buck plutselig John Thornton.

He sat down in silence, torn by the pull of loyalty and the calling.

Han satte seg ned i stillhet, revet av lojalitetens og kallets tiltrekning.

The wolf trotted on, but came back to urge Buck forward.

Ulven travet videre, men kom tilbake for å presse Buck fremover.

He sniffed his nose and tried to coax him with soft gestures.

Han snufset på nesen og prøvde å lokke ham med myke gester.

But Buck turned around and started back the way he came.

Men Buck snudde seg og begynte å gå tilbake samme vei som han kom.

The wolf ran beside him for a long time, whining quietly.

Ulven løp ved siden av ham lenge og klynket stille.

Then he sat down, raised his nose, and let out a long howl.

Så satte han seg ned, hevet nesen og slapp ut et langt hyl.

It was a mournful cry, softening as Buck walked away.

Det var et sørgmodig skrik, som myknet idet Buck gikk sin vei.

Buck listened as the sound of the cry faded slowly into the forest silence.

Buck lyttet mens lyden av gråten sakte forsvant inn i skogens stillhet.

John Thornton was eating dinner when Buck burst into the camp.

John Thornton spiste middag da Buck stormet inn i leiren.

Buck leapt upon him wildly, licking, biting, and tumbling him.

Buck hoppet vilt over ham, slikket, bet og veltet ham.

He knocked him over, scrambled on top, and kissed his face.

Han veltet ham, klatret oppå og kysset ham i ansiktet.

Thornton called this "playing the general tom-fool" with affection.

Thornton kalte dette å «spille den generelle narren» med hengivenhet.

All the while, he cursed Buck gently and shook him back and forth.

Hele tiden bannet han forsiktig over Buck og ristet ham frem og tilbake.

For two whole days and nights, Buck never left the camp once.

I to hele dager og netter forlot Buck ikke leiren én eneste gang.

He kept close to Thornton and never let him out of his sight.

Han holdt seg tett inntil Thornton og lot ham aldri gå ut av syne.

He followed him as he worked and watched him while he ate.

Han fulgte ham mens han arbeidet og så på ham mens han spiste.

He saw Thornton into his blankets at night and out each morning.

Han så Thornton ligge i teppene sine om natten og ute hver morgen.

But soon the forest call returned, louder than ever before.

Men snart kom skogsropet tilbake, høyere enn noen gang før.

Buck grew restless again, stirred by thoughts of the wild wolf.

Buck ble urolig igjen, opprørt av tanker om den ville ulven.

He remembered the open land and running side by side.

Han husket det åpne landskapet og det å løpe side om side.

He began wandering into the forest once more, alone and alert.

Han begynte å vandre inn i skogen igjen, alene og årvåken.

But the wild brother did not return, and the howl was not heard.

Men den ville broren kom ikke tilbake, og ulet ble ikke hørt.

Buck started sleeping outside, staying away for days at a time.

Buck begynte å sove ute, og holdt seg borte i flere dager av gangen.

Once he crossed the high divide where the creek had begun.

En gang krysset han det høye skiltet der bekken hadde startet.

He entered the land of dark timber and wide flowing streams.

Han kom inn i landet med mørkt tømmer og vide, rennende bekker.

For a week he roamed, searching for signs of the wild brother.

I en uke vandret han rundt og lette etter tegn etter den ville broren.

He killed his own meat and travelled with long, tireless strides.

Han drepte sitt eget kjøtt og reiste med lange, utrettelige skritt.

He fished for salmon in a wide river that reached the sea.

Han fisket laks i en bred elv som nådde ut til havet.

There, he fought and killed a black bear maddened by bugs.

Der kjempet han mot og drepte en svartbjørn som var gal av insekter.

The bear had been fishing and ran blindly through the trees.

Bjørnen hadde fisket og løp i blinde gjennom trærne.

The battle was a fierce one, waking Buck's deep fighting spirit up.

Kampen var hard, og vekket Bucks dype kampånd.

Two days later, Buck returned to find wolverines at his kill.

To dager senere kom Buck tilbake for å finne jerv ved byttet sitt.

A dozen of them quarreled over the meat in noisy fury.

Et dusin av dem kranglet om kjøttet i høylytt raseri.

Buck charged and scattered them like leaves in the wind.

Buck stormet frem og spredte dem som blader i vinden.

Two wolves remained behind—silent, lifeless, and unmoving forever.

To ulver ble igjen – stille, livløse og ubevegelige for alltid.

The thirst for blood grew stronger than ever.

Blodtørsten ble sterkere enn noensinne.

Buck was a hunter, a killer, feeding off living creatures.

Buck var en jeger, en morder, som spiste levende vesener.

He survived alone, relying on his strength and sharp senses.

Han overlevde alene, avhengig av sin styrke og skarpe sanser.

He thrived in the wild, where only the toughest could live.

Han trivdes i naturen, der bare de tøffeste kunne leve.

From this, a great pride rose up and filled Buck's whole being.

Fra dette steg en stor stolthet opp og fylte hele Bucks vesen.

His pride showed in his every step, in the ripple of every muscle.

Stoltheten hans viste seg i hvert eneste skritt, i krusningen i hver muskel.

His pride was as clear as speech, seen in how he carried himself.

Stoltheten hans var like tydelig som tale, noe som viste seg i hvordan han oppførte seg.

Even his thick coat looked more majestic and gleamed brighter.

Selv den tykke pelsen hans så mer majestetisk ut og glitret klarere.

Buck could have been mistaken for a giant timber wolf.

Buck kunne ha blitt forvekslet med en gigantisk tømmerulv.

Except for brown on his muzzle and spots above his eyes.

Bortsett fra brunt på snuten og flekker over øynene.

And the white streak of fur that ran down the middle of his chest.

Og den hvite pelsstripen som rant nedover midten av brystet hans.

He was even larger than the biggest wolf of that fierce breed.

Han var enda større enn den største ulven av den ville rasen.

His father, a St. Bernard, gave him size and heavy frame.

Faren hans, en sanktbernhardshund, ga ham størrelse og tung kropp.

His mother, a shepherd, shaped that bulk into wolf-like form.

Moren hans, en gjeter, formet den massen til en ulvelignende form.

He had the long muzzle of a wolf, though heavier and broader.

Han hadde den lange snuten til en ulv, men tyngre og bredere.

His head was a wolf's, but built on a massive, majestic scale.

Hodet hans var et ulves, men bygget i en massiv, majestetisk skala.

Buck's cunning was the cunning of the wolf and of the wild.

Bucks list var ulvens og villmarkens list.

His intelligence came from both the German Shepherd and St. Bernard.

Hans intelligens kom fra både den tyske gjeterhunden og sanktbernhardshunden.

All this, plus harsh experience, made him a fearsome creature.

Alt dette, pluss harde erfaringer, gjorde ham til en fryktinngytende skapning.

He was as formidable as any beast that roamed the northern wild.

Han var like formidabel som ethvert dyr som streifet rundt i den nordlige villmarken.

Living only on meat, Buck reached the full peak of his strength.

Buck levde kun på kjøtt og nådde sitt fulle styrketopp.

He overflowed with power and male force in every fiber of him.
Han fløt over av kraft og maskulin styrke i hver fiber av seg.
When Thornton stroked his back, the hairs sparked with energy.
Da Thornton strøk seg over ryggen, glitret hårene av energi.
Each hair crackled, charged with the touch of living magnetism.
Hvert hårstrå knitret, ladet med en berøring av levende magnetisme.
His body and brain were tuned to the finest possible pitch.
Kroppen og hjernen hans var innstilt på den fineste mulige tonehøyden.
Every nerve, fiber, and muscle worked in perfect harmony.
Hver nerve, fiber og muskel fungerte i perfekt harmoni.
To any sound or sight needing action, he responded instantly.
På enhver lyd eller syn som krevde handling, reagerte han umiddelbart.
If a husky leaped to attack, Buck could leap twice as fast.
Hvis en husky hoppet for å angripe, kunne Buck hoppe dobbelt så fort.
He reacted quicker than others could even see or hear.
Han reagerte raskere enn andre kunne se eller høre.
Perception, decision, and action all came in one fluid moment.
Persepsjon, beslutning og handling kom alt i ett flytende øyeblikk.
In truth, these acts were separate, but too fast to notice.
I sannhet var disse handlingene separate, men for raske til å bli lagt merke til.
So brief were the gaps between these acts, they seemed as one.
Så korte var mellomrommene mellom disse handlingene at de virket som én.
His muscles and being was like tightly coiled springs.
Musklene og vesenet hans var som tett opprullede fjærer.

His body surged with life, wild and joyful in its power.
Kroppen hans blusset av liv, vill og gledesfylt i sin kraft.
At times he felt like the force was going to burst out of him entirely.
Til tider følte han at kraften skulle bryte ut av ham fullstendig.
"Never was there such a dog," Thornton said one quiet day.
«Det har aldri vært en slik hund», sa Thornton en stille dag.
The partners watched Buck striding proudly from the camp.
Partnerne så Buck komme stolt skrittende ut av leiren.
"When he was made, he changed what a dog can be," said Pete.
«Da han ble skapt, forandret han hva en hund kan være», sa Pete.
"By Jesus! I think so myself," Hans quickly agreed.
«Ved Jesus! Det tror jeg selv», sa Hans raskt enig.
They saw him march off, but not the change that came after.
De så ham marsjere av gårde, men ikke forandringen som kom etterpå.
As soon as he entered the woods, Buck transformed completely.
Så snart han kom inn i skogen, forvandlet Buck seg fullstendig.
He no longer marched, but moved like a wild ghost among trees.
Han marsjerte ikke lenger, men beveget seg som et vilt spøkelse blant trærne.
He became silent, cat-footed, a flicker passing through shadows.
Han ble stille, kattefot, et flimrende gled gjennom skyggene.
He used cover with skill, crawling on his belly like a snake.
Han dekket seg med dyktighet, og krøp på magen som en slange.
And like a snake, he could leap forward and strike in silence.
Og som en slange kunne han hoppe frem og slå til i stillhet.
He could steal a ptarmigan straight from its hidden nest.
Han kunne stjele en rype rett fra dens skjulte reir.

He killed sleeping rabbits without a single sound.
Han drepte sovende kaniner uten en eneste lyd.
He could catch chipmunks midair as they fled too slowly.
Han kunne fange jordegern midt i luften siden de flyktet for sakte.
Even fish in pools could not escape his sudden strikes.
Selv fisk i dammer kunne ikke unnslippe hans plutselige angrep.
Not even clever beavers fixing dams were safe from him.
Ikke engang smarte bevere som reparerte demninger var trygge for ham.
He killed for food, not for fun—but liked his own kills best.
Han drepte for mat, ikke for moro skyld – men likte sine egne drap best.
Still, a sly humor ran through some of his silent hunts.
Likevel gikk en slu humor gjennom noen av hans stille jakter.
He crept up close to squirrels, only to let them escape.
Han krøp tett inntil ekorn, bare for å la dem unnslippe.
They were going to flee to the trees, chattering in fearful outrage.
De skulle flykte til trærne, mens de skravlet i fryktsom forargelse.
As fall came, moose began to appear in greater numbers.
Etter hvert som høsten kom, begynte elg å dukke opp i større antall.
They moved slowly into the low valleys to meet the winter.
De beveget seg sakte inn i de lave dalene for å møte vinteren.
Buck had already brought down one young, stray calf.
Buck hadde allerede felt én ung, bortkommen kalv.
But he longed to face larger, more dangerous prey.
Men han lengtet etter å møte større, farligere bytte.
One day on the divide, at the creek's head, he found his chance.
En dag på skiljet, ved bekkens utspring, fant han sin sjanse.
A herd of twenty moose had crossed from forested lands.
En flokk på tjue elger hadde krysset over fra skogkledde områder.

Among them was a mighty bull; the leader of the group.

Blant dem var en mektig okse; lederen av gruppen.

The bull stood over six feet tall and looked fierce and wild.

Oksen var over to meter høy og så voldsom og vill ut.

He tossed his wide antlers, fourteen points branching outward.

Han kastet sine brede gevir, fjorten spisser forgrenet seg utover.

The tips of those antlers stretched seven feet across.

Tuppene på geviret strakte seg syv fot på bredden.

His small eyes burned with rage as he spotted Buck nearby.

De små øynene hans brant av raseri da han fikk øye på Buck i nærheten.

He let out a furious roar, trembling with fury and pain.

Han slapp ut et rasende brøl, skalv av raseri og smerte.

An arrow-end stuck out near his flank, feathered and sharp.

En pilspiss stakk ut nær flanken hans, fjærkledd og skarp.

This wound helped explain his savage, bitter mood.

Dette såret bidro til å forklare hans ville, bitre humør.

Buck, guided by ancient hunting instinct, made his move.

Buck, styrt av eldgammelt jaktinstinkt, gjorde sitt trekk.

He aimed to separate the bull from the rest of the herd.

Han hadde som mål å skille oksen fra resten av flokken.

This was no easy task—it took speed and fierce cunning.

Dette var ingen enkel oppgave – det krevde fart og voldsom list.

He barked and danced near the bull, just out of range.

Han bjeffet og danset nær oksen, like utenfor rekkevidde.

The moose lunged with huge hooves and deadly antlers.

Elgen forsvant med enorme hover og dødelige gevir.

One blow could have ended Buck's life in a heartbeat.

Ett slag kunne ha avsluttet Bucks liv på et blunk.

Unable to leave the threat behind, the bull grew mad.

Oksen klarte ikke å legge trusselen bak seg og ble rasende.

He charged in fury, but Buck always slipped away.

Han angrep i raseri, men Buck snek seg alltid unna.

Buck faked weakness, luring him farther from the herd.

Buck lot som om han var svak, og lokket ham lenger bort fra flokken.

But young bulls were going to charge back to protect the leader.

Men unge okser skulle storme tilbake for å beskytte lederen.

They forced Buck to retreat and the bull to rejoin the group.

De tvang Buck til å trekke seg tilbake og oksen til å slutte seg til gruppen igjen.

There is a patience in the wild, deep and unstoppable.

Det finnes en tålmodighet i villmarken, dyp og ustoppelig.

A spider waits motionless in its web for countless hours.

En edderkopp venter ubevegelig i nettet sitt i utallige timer.

A snake coils without twitching, and waits till it is time.

En slange kveiler seg uten å rykke, og venter til det er tid.

A panther lies in ambush, until the moment arrives.

En panter ligger i bakhold, helt til øyeblikket kommer.

This is the patience of predators who hunt to survive.

Dette er tålmodigheten til rovdyr som jakter for å overleve.

That same patience burned inside Buck as he stayed close.

Den samme tålmodigheten brant i Buck mens han holdt seg nær.

He stayed near the herd, slowing its march and stirring fear.

Han holdt seg i nærheten av flokken, bremset marsjen og skapte frykt.

He teased the young bulls and harassed the mother cows.

Han ertet de unge oksene og trakasserte kyrne.

He drove the wounded bull into a deeper, helpless rage.

Han drev den sårede oksen inn i et dypere, hjelpeløst raseri.

For half a day, the fight dragged on with no rest at all.

I en halv dag trakk kampen ut uten noen hvile i det hele tatt.

Buck attacked from every angle, fast and fierce as wind.

Buck angrep fra alle kanter, raskt og voldsomt som vinden.

He kept the bull from resting or hiding with its herd.

Han hindret oksen i å hvile eller gjemme seg sammen med flokken sin.

Buck wore down the moose's will faster than its body.

Bukken tæret ned elgens viljestyrke raskere enn kroppen dens.

The day passed and the sun sank low in the northwest sky.
Dagen gikk, og solen sank lavt på nordvesthimmelen.
The young bulls returned more slowly to help their leader.
De unge oksene kom saktere tilbake for å hjelpe lederen sin.
Fall nights had returned, and darkness now lasted six hours.
Høstnettene hadde kommet tilbake, og mørket varte nå i seks timer.
Winter was pressing them downhill into safer, warmer valleys.
Vinteren presset dem nedoverbakke til tryggere, varmere daler.
But still they couldn't escape the hunter that held them back.
Men de klarte likevel ikke å unnslippe jegeren som holdt dem tilbake.
Only one life was at stake—not the herd's, just their leader's.
Bare ett liv sto på spill – ikke flokkens, bare lederens.
That made the threat distant and not their urgent concern.
Det gjorde trusselen fjern og ikke deres presserende bekymring.
In time, they accepted this cost and let Buck take the old bull.
Med tiden aksepterte de denne kostnaden og lot Buck ta den gamle oksen.
As twilight settled in, the old bull stood with his head down.
Da skumringen senket seg, sto den gamle oksen med hodet bøyd.
He watched the herd he had led vanish into the fading light.
Han så flokken han hadde ledet forsvinne i det svinnende lyset.
There were cows he had known, calves he had once fathered.
Det var kyr han hadde kjent, kalver han en gang hadde blitt far til.
There were younger bulls he had fought and ruled in past seasons.
Det var yngre okser han hadde kjempet mot og hersket mot i tidligere sesonger.

He could not follow them—for before him crouched Buck again.

Han kunne ikke følge etter dem – for foran ham satt Buck på huk igjen.

The merciless fanged terror blocked every path he might take.

Den nådeløse, hoggtennerfulle terroren blokkerte enhver vei han kunne ta.

The bull weighed more than three hundredweight of dense power.

Oksen veide mer enn tre hundre vekt av tett kraft.

He had lived long and fought hard in a world of struggle.

Han hadde levd lenge og kjempet hardt i en verden preget av kamp.

Yet now, at the end, death came from a beast far beneath him.

Likevel, nå, til slutt, kom døden fra et udyr langt under ham.

Buck's head did not even rise to the bull's huge knuckled knees.

Bucks hode nådde ikke engang oksens enorme, knoklete knær.

From that moment on, Buck stayed with the bull night and day.

Fra det øyeblikket av ble Buck hos oksen natt og dag.

He never gave him rest, never allowed him to graze or drink.

Han ga ham aldri hvile, lot ham aldri beite eller drikke.

The bull tried to eat young birch shoots and willow leaves.

Oksen prøvde å spise unge bjørkeskudd og pileblader.

But Buck drove him off, always alert and always attacking.

Men Buck jaget ham av gårde, alltid årvåken og alltid angripende.

Even at trickling streams, Buck blocked every thirsty attempt.

Selv ved sildrende bekker blokkerte Buck ethvert tørstende forsøk.

Sometimes, in desperation, the bull fled at full speed.

Noen ganger, i desperasjon, flyktet oksen i full fart.

Buck let him run, loping calmly just behind, never far away.

Buck lot ham løpe, rolig løpende like bak, aldri langt unna.

When the moose paused, Buck lay down, but stayed ready.

Da elgen stoppet, la Buck seg ned, men holdt seg klar.

If the bull tried to eat or drink, Buck struck with full fury.

Hvis oksen prøvde å spise eller drikke, slo Buck til med fullt raseri.

The bull's great head sagged lower under its vast antlers.

Oksens store hode hang lavere under det enorme geviret.

His pace slowed, the trot became a heavy; a stumbling walk.

Tempoet hans sakket, travet ble tungt; en snublende skritt.

He often stood still with drooped ears and nose to the ground.

Han sto ofte stille med hengende ører og nesen mot bakken.

During those moments, Buck took time to drink and rest.

I disse øyeblikkene tok Buck seg tid til å drikke og hvile.

Tongue out, eyes fixed, Buck sensed the land was changing.

Med tungen ute, øynene festet, følte Buck at landet forandret seg.

He felt something new moving through the forest and sky.

Han følte noe nytt bevege seg gjennom skogen og himmelen.

As moose returned, so did other creatures of the wild.

Etter hvert som elgen kom tilbake, gjorde andre ville skapninger det også.

The land felt alive with presence, unseen but strongly known.

Landet føltes levende med tilstedeværelse, usett, men sterkt kjent.

It was not by sound, sight, nor by scent that Buck knew this.

Det var ikke ved lyd, syn eller lukt at Buck visste dette.

A deeper sense told him that new forces were on the move.

En dypere sans fortalte ham at nye krefter var i bevegelse.

Strange life stirred through the woods and along the streams.

Merkelig liv rørte seg i skogene og langs bekkene.

He resolved to explore this spirit, after the hunt was complete.

Han bestemte seg for å utforske denne ånden etter at jakten var fullført.

On the fourth day, Buck brought down the moose at last.

På den fjerde dagen fikk Buck endelig ned elgen.

He stayed by the kill for a full day and night, feeding and resting.

Han ble værende ved byten en hel dag og natt, spiste og hvilte.

He ate, then slept, then ate again, until he was strong and full.

Han spiste, så sov han, så spiste han igjen, helt til han var sterk og mett.

When he was ready, he turned back toward camp and Thornton.

Da han var klar, snudde han seg tilbake mot leiren og Thornton.

With steady pace, he began the long return journey home.

Med jevnt tempo startet han den lange hjemreisen.

He ran in his tireless lope, hour after hour, never once straying.

Han løp i sin utrettelige løp, time etter time, uten å avvike én eneste gang.

Through unknown lands, he moved straight as a compass needle.

Gjennom ukjente land beveget han seg rett som en kompassnål.

His sense of direction made man and map seem weak by comparison.

Hans retningssans fikk mennesket og kartet til å virke svake i sammenligning.

As Buck ran, he felt more strongly the stir in the wild land.

Etter hvert som Buck løp, følte han sterkere opprøret i det ville landskapet.

It was a new kind of life, unlike that of the calm summer months.

Det var en ny type liv, ulikt det i de rolige sommermånedene.

This feeling no longer came as a subtle or distant message.

Denne følelsen kom ikke lenger som en subtil eller fjern beskjed.

Now the birds spoke of this life, and squirrels chattered about it.

Nå snakket fuglene om dette livet, og ekornene pratet om det.

Even the breeze whispered warnings through the silent trees.

Selv brisen hvisket advarsler gjennom de stille trærne.

Several times he stopped and sniffed the fresh morning air.

Flere ganger stoppet han og snuste inn den friske morgenluften.

He read a message there that made him leap forward faster.

Der leste han en beskjed som fikk ham til å hoppe raskere fremover.

A heavy sense of danger filled him, as if something had gone wrong.

En dyp følelse av fare fylte ham, som om noe hadde gått galt.

He feared calamity was coming—or had already come.

Han fryktet at ulykken var på vei – eller allerede hadde kommet.

He crossed the last ridge and entered the valley below.

Han krysset den siste ryggen og kom inn i dalen nedenfor.

He moved more slowly, alert and cautious with every step.

Han beveget seg saktere, årvåken og forsiktig med hvert skritt.

Three miles out he found a fresh trail that made him stiffen.

Tre mil unna fant han et nytt spor som fikk ham til å stivne.

The hair along his neck rippled and bristled in alarm.

Håret langs halsen hans bølget og bustet av alarm.

The trail led straight toward the camp where Thornton waited.

Stien ledet rett mot leiren der Thornton ventet.

Buck moved faster now, his stride both silent and swift.

Buck beveget seg raskere nå, skrittene hans både stille og raske.

His nerves tightened as he read signs others were going to miss.

Nervene hans strammet seg da han leste tegn som andre kom
til å overse.

Each detail in the trail told a story—except the final piece.

Hver detalj i stien fortalte en historie – bortsett fra den siste
biten.

His nose told him about the life that had passed this way.

Nesen hans fortalte ham om livet som hadde passert på denne
måten.

**The scent gave him a changing picture as he followed close
behind.**

Lukten ga ham et skiftende bilde mens han fulgte tett etter.

But the forest itself had gone quiet; unnaturally still.

Men selve skogen hadde blitt stille; unaturlig stille.

Birds had vanished, squirrels were hidden, silent and still.

Fugler var forsvunnet, ekorn var gjemt, stille og stille.

He saw only one gray squirrel, flat on a dead tree.

Han så bare ett grått ekorn, flatt på et dødt tre.

**The squirrel blended in, stiff and motionless like a part of
the forest.**

Ekornet blandet seg inn, stivt og ubevegelig som en del av
skogen.

Buck moved like a shadow, silent and sure through the trees.

Buck beveget seg som en skygge, stille og sikker gjennom
trærne.

His nose jerked sideways as if pulled by an unseen hand.

Nesen hans rykket til side som om den var dratt av en usynlig
hånd.

He turned and followed the new scent deep into a thicket.

Han snudde seg og fulgte den nye lukten dypt inn i et kratt.

**There he found Nig, lying dead, pierced through by an
arrow.**

Der fant han Nig, liggende død, gjennomboret av en pil.

**The shaft passed clear through his body, feathers still
showing.**

Skaftet gikk gjennom kroppen hans, fjærene var fortsatt
synlige.

Nig had dragged himself there, but died before reaching help.

Nig hadde slept seg dit, men døde før han nådde frem til hjelp.

A hundred yards farther on, Buck found another sled dog.

Hundre meter lenger fremme fant Buck en annen sledehund.

It was a dog that Thornton had bought back in Dawson City.

Det var en hund som Thornton hadde kjøpt tilbake i Dawson City.

The dog was in a death struggle, thrashing hard on the trail.

Hunden var i en dødskamp, og slet hardt på stien.

Buck passed around him, not stopping, eyes fixed ahead.

Buck gikk forbi ham uten å stoppe, med blikket rettet fremover.

From the direction of the camp came a distant, rhythmic chant.

Fra leirens retning kom en fjern, rytmisk sang.

Voices rose and fell in a strange, eerie, sing-song tone.

Stemmer hevet og falt i en merkelig, uhyggelig, syngende tone.

Buck crawled forward to the edge of the clearing in silence.

Buck krøp frem til kanten av lysningen i stillhet.

There he saw Hans lying face-down, pierced with many arrows.

Der så han Hans ligge med ansiktet ned, gjennomboret av mange piler.

His body looked like a porcupine, bristling with feathered shafts.

Kroppen hans så ut som et piggsvin, full av fjærkledde skafter.

At the same moment, Buck looked toward the ruined lodge.

I samme øyeblikk så Buck mot den ødelagte hytta.

The sight made the hair rise stiff on his neck and shoulders.

Synet fikk håret til å reise seg stivt på nakken og skuldrene hans.

A storm of wild rage swept through Buck's whole body.

En storm av vilt raseri feide gjennom hele Bucks kropp.

He growled aloud, though he did not know that he had.

Han knurret høyt, selv om han ikke visste at han hadde gjort det.

The sound was raw, filled with terrifying, savage fury.

Lyden var rå, fylt av skremmende, vill raseri.

For the last time in his life, Buck lost reason to emotion.

For siste gang i livet mistet Buck fornuften til fordel for følelsene.

It was love for John Thornton that broke his careful control.

Det var kjærligheten til John Thornton som brøt hans nøye kontroll.

The Yeehats were dancing around the wrecked spruce lodge.

Yeehat-familien danset rundt den ødelagte granhytta.

Then came a roar—and an unknown beast charged toward them.

Så kom et brøl – og et ukjent beist stormet mot dem.

It was Buck; a fury in motion; a living storm of vengeance.

Det var Buck; et raseri i bevegelse; en levende hevnstorm.

He flung himself into their midst, mad with the need to kill.

Han kastet seg midt iblant dem, rasende av trang til å drepe.

He leapt at the first man, the Yeehat chief, and struck true.

Han hoppet mot den første mannen, Yeehat-høvdingen, og traff på sant.

His throat was ripped open, and blood spouted in a stream.

Halsen hans var revet opp, og blod sprutet i en strøm.

Buck did not stop, but tore the next man's throat with one leap.

Buck stoppet ikke, men rev over halsen på nestemann med ett sprang.

He was unstoppable—ripping, slashing, never pausing to rest.

Han var ustoppelig – rev i stykker, hogg, og tok aldri en pause for å hvile.

He darted and sprang so fast their arrows could not touch him.

Han pilte og sprang så fort at pilene deres ikke kunne nå ham.

The Yeehats were caught in their own panic and confusion.

Yeehat-familien var fanget i sin egen panikk og forvirring.

Their arrows missed Buck and struck one another instead.
Pilene deres bommet på Buck og traff hverandre i stedet.
One youth threw a spear at Buck and hit another man.
En ungdom kastet et spyd mot Buck og traff en annen mann.
The spear drove through his chest, the point punching out his back.
Spydet gikk gjennom brystet hans, og spissen slo ut i ryggen hans.
Terror swept over the Yeehats, and they broke into full retreat.
Terror feide over Yeehat-ene, og de brøt inn i full retrett.
They screamed of the Evil Spirit and fled into the forest shadows.
De skrek etter den onde ånden og flyktet inn i skogens skygger.
Truly, Buck was like a demon as he chased the Yeehats down.
Buck var virkelig som en demon da han jaget Yeehat-familien.
He tore after them through the forest, bringing them down like deer.
Han rev etter dem gjennom skogen og førte dem ned som hjorter.
It became a day of fate and terror for the frightened Yeehats.
Det ble en skjebnens og terrorens dag for de skremte Yeehatene.
They scattered across the land, fleeing far in every direction.
De spredte seg over landet og flyktet langt i alle retninger.
A full week passed before the last survivors met in a valley.
En hel uke gikk før de siste overlevende møttes i en dal.
Only then did they count their losses and speak of what happened.
Først da telte de tapene sine og snakket om hva som hadde skjedd.
Buck, after tiring of the chase, returned to the ruined camp.
Etter å ha blitt lei av jakten, vendte Buck tilbake til den ødelagte leiren.
He found Pete, still in his blankets, killed in the first attack.

Han fant Pete, fortsatt i teppene sine, drept i det første angrepet.

Signs of Thornton's last struggle were marked in the dirt nearby.

Spor etter Thorntons siste kamp var markert i jorden i nærheten.

Buck followed every trace, sniffing each mark to a final point.

Buck fulgte hvert spor og snuste på hvert merke til et siste punkt.

At the edge of a deep pool, he found faithful Skeet, lying still.

Ved kanten av et dypt basseng fant han den trofaste Skeet, liggende stille.

Skeet's head and front paws were in the water, unmoving in death.

Skeets hode og forlabber var i vannet, ubevegelige i døden.

The pool was muddy and tainted with runoff from the sluice boxes.

Bassenget var gjørmete og tilsølt med avrenning fra sluseboksene.

Its cloudy surface hid what lay beneath, but Buck knew the truth.

Den skyfylte overflaten skjulte det som lå under, men Buck visste sannheten.

He tracked Thornton's scent into the pool — but the scent led nowhere else.

Han fulgte Thorntons lukt ned i bassenget – men lukten førte ingen andre steder.

There was no scent leading out — only the silence of deep water.

Det var ingen duft som ledet ut – bare stillheten på dypt vann.

All day Buck stayed near the pool, pacing the camp in grief.

Hele dagen ble Buck værende ved dammen og gikk sorgfullt frem og tilbake i leiren.

He wandered restlessly or sat in stillness, lost in heavy thought.

Han vandret rastløst rundt eller satt stille, fortapt i tunge tanker.

He knew death; the ending of life; the vanishing of all motion.

Han kjente døden; livets slutt; forsvinnelsen av all bevegelse.

He understood that John Thornton was gone, never to return.

Han forsto at John Thornton var borte, og aldri for å komme tilbake.

The loss left an empty space in him that throbbed like hunger.

Tapet etterlot et tomrom i ham som dunket som sult.

But this was a hunger food could not ease, no matter how much he ate.

Men dette var en sult maten ikke kunne stille, uansett hvor mye han spiste.

At times, as he looked at the dead Yeehats, the pain faded.

Til tider, når han så på de døde Yeehatene, falmet smerten.

And then a strange pride rose inside him, fierce and complete.

Og så steg en merkelig stolthet inni ham, voldsom og fullstendig.

He had killed man, the highest and most dangerous game of all.

Han hadde drept mennesket, det høyeste og farligste spillet av alle.

He had killed in defiance of the ancient law of club and fang.

Han hadde drept i strid med den gamle loven om kølle og hoggtennen.

Buck sniffed their lifeless bodies, curious and thoughtful.

Buck snuste på de livløse kroppene deres, nysgjerrig og tankefull.

They had died so easily—much easier than a husky in a fight.

De hadde dødd så lett – mye lettere enn en husky i en kamp.

Without their weapons, they had no true strength or threat.

Uten våpnene sine hadde de ingen reell styrke eller trussel.

Buck was never going to fear them again, unless they were armed.

Buck kom aldri til å frykte dem igjen, med mindre de var bevæpnet.

Only when they carried clubs, spears, or arrows he'd beware.

Bare når de bar køller, spyd eller piler, ville han være forsiktig.

Night fell, and a full moon rose high above the tops of the trees.

Natten falt på, og en fullmåne steg høyt over trærnes topper.

The moon's pale light bathed the land in a soft, ghostly glow like day.

Månens bleke lys badet landet i et mykt, spøkelsesaktig skjær som dag.

As the night deepened, Buck still mourned by the silent pool.

Etter hvert som natten ble dypere, sørget Buck fortsatt ved den stille dammen.

Then he became aware of a different stirring in the forest.

Så ble han oppmerksom på en annen bevegelse i skogen.

The stirring was not from the Yeehats, but from something older and deeper.

Opprøret kom ikke fra Yeehat-familien, men fra noe eldre og dypere.

He stood up, ears lifted, nose testing the breeze with care.

Han reiste seg opp, med hevede ører, og undersøkte forsiktig brisen på nesen.

From far away came a faint, sharp yelp that pierced the silence.

Langt bortefra kom et svakt, skarpt hyl som gjennomboret stillheten.

Then a chorus of similar cries followed close behind the first.

Så fulgte et kor av lignende rop tett bak det første.

The sound drew nearer, growing louder with each passing moment.

Lyden kom nærmere, og ble høyere for hvert øyeblikk som gikk.

Buck knew this cry—it came from that other world in his memory.

Buck kjente dette ropet – det kom fra den andre verdenen i minnet hans.

He walked to the center of the open space and listened closely.

Han gikk til midten av det åpne rommet og lyttet oppmerksomt.

The call rang out, many-noted and more powerful than ever.

Ropet runget ut, mange bemerket og kraftigere enn noensinne.

And now, more than ever before, Buck was ready to answer his calling.

Og nå, mer enn noen gang før, var Buck klar til å svare på kallet hans.

John Thornton was dead, and no tie to man remained within him.

John Thornton var død, og han hadde ikke noe bånd til mennesker igjen.

Man and all human claims were gone—he was free at last.

Mennesket og alle menneskelige krav var borte – han var endelig fri.

The wolf pack were chasing meat like the Yeehats once had.

Ulveflokken jaget kjøtt slik Yeehatene en gang gjorde.

They had followed moose down from the timbered lands.

De hadde fulgt elger ned fra de skogkledde områdene.

Now, wild and hungry for prey, they crossed into his valley.

Nå, ville og sultne på bytte, krysset de inn i dalen hans.

Into the moonlit clearing they came, flowing like silver water.

Inn i den månebelyste lysningen kom de, rennende som sølvfarget vann.

Buck stood still in the center, motionless and waiting for them.

Buck sto stille i midten, ubevegelig og ventet på dem.

His calm, large presence stunned the pack into a brief silence.

Hans rolige, store tilstedeværelse sjokkerte flokken til en kort stillhet.

Then the boldest wolf leapt straight at him without hesitation.

Så hoppet den dristigste ulven rett mot ham uten å nøle.

Buck struck fast and broke the wolf's neck in a single blow.

Buck slo til raskt og brakk ulvens nakke i et enkelt slag.

He stood motionless again as the dying wolf twisted behind him.

Han sto ubevegelig igjen mens den døende ulven vred seg bak ham.

Three more wolves attacked quickly, one after the other.

Tre ulver til angrep raskt, den ene etter den andre.

Each retreated bleeding, their throats or shoulders slashed.

Hver av dem trakk seg tilbake blødende, med overskåret hals eller skuldre.

That was enough to trigger the whole pack into a wild charge.

Det var nok til å sette hele flokken i vill angrep.

They rushed in together, too eager and crowded to strike well.

De stormet inn sammen, for ivrige og for tettpakket til å slå godt til.

Buck's speed and skill allowed him to stay ahead of the attack.

Bucks fart og ferdigheter tillot ham å holde seg i forkant av angrepet.

He spun on his hind legs, snapping and striking in all directions.

Han snurret på bakbeina, glefset og slo i alle retninger.

To the wolves, this seemed like his defense never opened or faltered.

For ulvene virket dette som om forsvaret hans aldri åpnet seg eller vaklet.

He turned and slashed so quickly they could not get behind him.

Han snudde seg og hugg så raskt at de ikke kunne komme bak ham.

Nonetheless, their numbers forced him to give ground and fall back.

Likevel tvang antallet deres ham til å gi etter og trekke seg tilbake.

He moved past the pool and down into the rocky creek bed.

Han beveget seg forbi dammen og ned i det steinete bekkeleiet.

There he came up against a steep bank of gravel and dirt.

Der kom han borti en bratt skrent av grus og jord.

He edged into a corner cut during the miners' old digging.

Han kom seg inn i et hjørne som ble kuttet under gruvearbeidernes gamle graving.

Now, protected on three sides, Buck faced only the front wolf.

Nå, beskyttet på tre sider, sto Buck bare overfor den fremste ulven.

There, he stood at bay, ready for the next wave of assault.

Der sto han i sjakk, klar for den neste angrepsbølgen.

Buck held his ground so fiercely that the wolves drew back.

Buck holdt stand så standhaftig at ulvene trakk seg tilbake.

After half an hour, they were worn out and visibly defeated.

Etter en halvtime var de utslitte og synlig beseiret.

Their tongues hung out, their white fangs gleamed in moonlight.

Tungene deres hang ut, de hvite hoggtennene deres glitret i måneskinnet.

Some wolves lay down, heads raised, ears pricked toward Buck.

Noen ulver la seg ned med hevede hoder og spissede ører mot Buck.

Others stood still, alert and watching his every move.

Andre sto stille, årvåkne og fulgte med på hver eneste bevegelse han gjorde.

A few wandered to the pool and lapped up cold water.

Noen få vandret bort til bassenget og drakk kaldt vann.

Then one long, lean gray wolf crept forward in a gentle way.

Så krøp en lang, mager grå ulv forsiktig frem.

Buck recognized him—it was the wild brother from before.

Buck kjente ham igjen – det var den ville broren fra før.

The gray wolf whined softly, and Buck replied with a whine.

Den grå ulven klynket lavt, og Buck svarte med et klynk.

They touched noses, quietly and without threat or fear.

De berørte nesene, stille og uten trussel eller frykt.

Next came an older wolf, gaunt and scarred from many battles.

Deretter kom en eldre ulv, mager og arrmerket etter mange kamper.

Buck started to snarl, but paused and sniffed the old wolf's nose.

Buck begynte å knurre, men stoppet opp og snuste på den gamle ulvens nese.

The old one sat down, raised his nose, and howled at the moon.

Den gamle satte seg ned, løftet nesen og ulte mot månen.

The rest of the pack sat down and joined in the long howl.

Resten av flokken satte seg ned og ble med på det lange ulet.

And now the call came to Buck, unmistakable and strong.

Og nå kom kallet til Buck, umiskjennelig og sterkt.

He sat down, lifted his head, and howled with the others.

Han satte seg ned, løftet hodet og hylte sammen med de andre.

When the howling ended, Buck stepped out of his rocky shelter.

Da ulingen tok slutt, steg Buck ut av det steinete lyet sitt.

The pack closed in around him, sniffing both kindly and warily.

Flokken lukket seg rundt ham og snufset både vennlig og forsiktig.

Then the leaders gave the yelp and dashed off into the forest.
Så hylte lederne og løp av gårde inn i skogen.
The other wolves followed, yelping in chorus, wild and fast in the night.
De andre ulvene fulgte etter, hylende i kor, ville og raske i natten.
Buck ran with them, beside his wild brother, howling as he ran.
Buck løp med dem, ved siden av sin ville bror, og ulte mens han løp.

Here, the story of Buck does well to come to its end.
Her gjør historien om Buck det godt i å ta slutt.
In the years that followed, the Yeehats noticed strange wolves.
I årene som fulgte la Yeehat-familien merke til merkelige ulver.
Some had brown on their heads and muzzles, white on the chest.
Noen hadde brunt på hodet og snuten, hvitt på brystet.
But even more, they feared a ghostly figure among the wolves.
Men enda mer fryktet de en spøkelsesaktig skikkelse blant ulvene.
They spoke in whispers of the Ghost Dog, leader of the pack.
De hvisket om Spøkelseshunden, lederen av flokken.
This Ghost Dog had more cunning than the boldest Yeehat hunter.
Denne spøkelseshunden var mer listig enn den dristigste Yeehat-jegeren.
The ghost dog stole from camps in deep winter and tore their traps apart.
Spøkelseshunden stjal fra leirer i dyp vinter og rev fellene deres i stykker.

The ghost dog killed their dogs and escaped their arrows without a trace.

Spøkelseshunden drepte hundene deres og unnslapp pilene deres sporløst.

Even their bravest warriors feared to face this wild spirit.

Selv deres modigste krigere fryktet å møte denne ville ånden.

No, the tale grows darker still, as the years pass in the wild.

Nei, historien blir enda mørkere etter hvert som årene går i naturen.

Some hunters vanish and never return to their distant camps.

Noen jegere forsvinner og vender aldri tilbake til sine fjerne leirer.

Others are found with their throats torn open, slain in the snow.

Andre blir funnet med revet opp strupene, drept i snøen.

Around their bodies are tracks—larger than any wolf could make.

Rundt kroppene deres er det spor – større enn noen ulv kunne lage.

Each autumn, Yeehats follow the trail of the moose.

Hver høst følger Yeehats elgens spor.

But they avoid one valley with fear carved deep into their hearts.

Men de unngår én dal med frykt hugget dypt inn i hjertene sine.

They say the valley is chosen by the Evil Spirit for his home.

De sier at dalen er valgt av den onde ånden som hjem.

And when the tale is told, some women weep beside the fire.

Og når historien blir fortalt, gråter noen kvinner ved bålet.

But in summer, one visitor comes to that quiet, sacred valley.

Men om sommeren kommer én besøkende til den stille, hellige dalen.

The Yeehats do not know of him, nor could they understand.

Yeehatene vet ikke om ham, og de kunne heller ikke forstå.

The wolf is a great one, coated in glory, like no other of his kind.

Ulven er en stor en, dekket av prakt, ulik ingen annen av sitt slag.

He alone crosses from green timber and enters the forest glade.

Han alene krysser fra grønt tømmer og går inn i skoglysningen.

There, golden dust from moose-hide sacks seeps into the soil.

Der siver gyllent støv fra elgskinnsekker ned i jorden.

Grass and old leaves have hidden the yellow from the sun.

Gress og gamle blader har skjult det gule for solen.

Here, the wolf stands in silence, thinking and remembering.

Her står ulven i stillhet, tenker og husker.

He howls once — long and mournful — before he turns to go.

Han uler én gang – langt og sørgmodig – før han snur seg for å gå.

Yet he is not always alone in the land of cold and snow.

Likevel er han ikke alltid alene i kuldens og snøens land.

When long winter nights descend on the lower valleys.

Når lange vinternetter senker seg over de lavere dalene.

When the wolves follow game through moonlight and frost.

Når ulvene følger vilt gjennom måneskinn og frost.

Then he runs at the head of the pack, leaping high and wild.

Så løper han i spissen for flokken, hoppende høyt og vilt.

His shape towers over the others, his throat alive with song.

Skikkelsen hans ruver over de andre, halsen hans levende av sang.

It is the song of the younger world, the voice of the pack.

Det er den yngre verdens sang, flokkens stemme.

He sings as he runs — strong, free, and forever wild.

Han synger mens han løper – sterk, fri og evig vill.